認められたい

精神科医
熊代亨

ヴィレッジブックス

はじめに

あの日の私は「認められたい」に飢えていた

昔の私は、周囲からなかなか認められない悩みを抱えていました。

私は石川県の海岸沿いの村落で、たくさんの年長者や年少者に囲まれて子ども時代を過ごしました。生意気でコミュニケーションの苦手な子どもでしたが、生まれた時から皆顔見知りだったおかげか、村落の人達はそんな私とも付き合ってくれていました。

ところが中学校に進学して間もなく、私はいじめを経験し、不登校に陥りました。思春期の人間なら誰もが求めてやまないであろう、周囲から「認められたい」という欲求がまったく充たせなくなった私は、学校に通うのが苦痛になり、しばらくの保健室登校を経た後、学校に行けなくなってしまったのです。

その後、どうにか地元高校に滑り込んだ私は、新たに出会ったゲーム仲間やアニメ仲間のおかげもあって心理的なピンチを脱出しました。それでも、ろくに認めてもらえなかった記憶を引きずっていた私は「なまじっかな学歴を身に付けた程度では、自分はきっと社会で生きていけない」と確信をもっていたので、できるだけ高い学力を追求し、幸いにも医学部に合格しました。

「他人から認められながら生きていくには、どうすればいいんだろうか？」

そんな気持ちに引っ張られて、医師免許を取得した後は精神科医を目指しました。私は、精神医療の専門技能をマスターしたいだけでなく、人間関係をうまくこなすためのハウツーを手に入れたいという不純な動機を隠し持った研修医でしたが、そのぶん真剣に勉強できたように思います。大学や病院で学べることだけでは足りないとも感じたので、インターネットを駆使してあちこちのオフ会に顔を出し、さまざまな職種・立場の人達から多くのことを教わりました。日本でいちばんオフ会を経験している精神科医は間違いなく私です。そんな私にとって、インターネットとは第二の学び舎でした。

そうやって毎日を過ごしているうち、私は少しずつ他人に認められやすくなり、周りの人達に認められるにはどのような振る舞いが必要で、どんな注意を払ったほうが良いのか、そうしたことが少しずつわかるようになり始めました。失敗や擦れ違いもたくさん経験し、惜しい人間関係を失ってしまうこともありましたが、そういった喪失をも教訓にしているうちに、人間関係やコミュニケーションに対する考え方や方法は着実に変わっていったのです。

あなたは「承認欲求」という言葉を知っていますか？

最近、テレビやインターネットを眺めていると、「承認欲求」という言葉をしばしば見かけます。高校生や大学生までもがそんな心理学用語を口にしているのを見ると、精神科医としての私は「専門的な心理学用語が、えらく出回っているなぁ」とびっくりしてしまいます。

承認欲求とは、要は、「他人から認められたい・褒められたい・評価されたい」といった気持ちのことです。

この言葉をたくさん見かけるようになったということは、裏を返せば、もっと褒められたい・認められたい人がそれだけいるのでしょう。「認められたい」というタイトルに惹かれてこの本を手に取ったあなたも、その一人かもしれませんね。皆がFacebookやＬＩＮＥやツイッターにかじりつくのも、自撮りするのも、「認められたい」気持ちが動機として強く働いているからではないでしょうか。

人間は、「認められたい」と願っている時には、びっくりするほどの力を発揮します。私はインターネットが大好きで、精神科医としての本業のかたわら、ブログやツイッターに文章を書き続けてきましたが、ネットで自分自身の「認められたい」気持ちを充たしているうちに文章が上達し、何冊も本を出版できるまでになりました。「認められたい」気持ちがモチベーションになって勉強や仕事に打ち込んで成功した人は、私の周囲にたくさんいますし、たぶん、あなたの周りにもそういう人がいらっしゃるでしょう。

その反対に、「認められたい」気持ちが抑えきれなくなった結果、インターネット上で炎上行為に陥る人や、ソーシャルゲームのトップランカーを目指して時間やお金を使い果たしてしまう人もいます。そういった人達を「バカだなぁ」と笑っている人のなかにも、ひっきりなしにスマホを取り出しては自分のアカウントをチェックし、「いいね」がついているかどうかを気にして、目の前のことに集中できない人は少なくありません。

「認められたい」気持ちに導かれて人生を豊かにできるのか？　それとも人生の無駄遣いに拍車をかけてしまうのか？　もし、「認められたい」気持ちが人生の分かれ道になるのなら、この気持ちをできるだけ有意義に、将来の生きやすさに繋がるようなかたちで〝利用〟できないものでしょうか。

私は精神科医として、一人のインターネットマニアとして、私自身と他の大勢の人々の「認められたい」気持ちと、その気持ちに引っ張られた人生模様を観察し続けてきました。人間観察を通して痛感したのは、この「認められたい」気持ちはほとんどの人が持っているけれども、上手に付き合っている人は意外と少なく、むしろ「認められたい」に振り回されている人が多数派だということでした。そしてそうした人達の大半は、努力すべき場面でも努力ができなかったり、人間関係に問題を抱えたりしながら毎日を過ごしているのでした。

「認められたい」と上手に付き合える人は、たいてい、本当に必要な時に必要なだけ努力をしていて、人間関係もうまくやっています。逆に、「認められたい」とうまく付き合えない人は、その気持ちに飢えた結果、だんだん判断力が鈍ってきて自分の行動がコントロールしにくくなり、努力するのも人間関係も難しくなっていくようにみえます。最悪、メンタルヘルスが不調になって、精神科や心療内科を受診する羽目になることさえあります。

だから私は、「認められたい」という、人生を飛躍させることもあれば破滅させることもあるこの気持ちについて、もっとたくさんの人に理解を深めて欲しいと考えています。本書を通して私が皆さんにお伝えしたいのも、「認められたい」を人生のプラスに役立てるための方法です。

この本は、不登校時代の「認められたい」に飢えきった状態をどうにか生き延び、精神医学の内側と外側で自分自身を成長させてきた、私の実体験をフィードバックしてつくったものです。それだけに、ただの精神科医にも、ただの不登校経験者にも、ただのインターネットマニアにも書けない内容になっていると思います。

そうした実体験に基づいて言わせてもらうと、「認められたい」に悩んでいた人がそうでなくなるには、それなりに時間がかかります。理科や社会のテストなら、教科書を丸暗記すればすぐ点数が上がるかもしれませんが、自分自身の心理についてのノウハウ獲得や成長は、「すぐに新しいあなたになれる」と謳うような自己啓発書や、インターネットのライフハック記事を読んだだけでは達成できません。

にもかかわらず、そうした心理的な成長を、時間がかかるものとして生真面目に追いかけた実用書は、あまり存在しないのです。

いつも「認められたい」に悩んでいた頃の私は、そのことがすごく不満でした。「すぐに役立つ」とうそぶく自己啓発書など、なんの役にも立たないことはすぐにわかりました。かといって、大学病院に置いてあるような専門書には精神疾患のことしか書いてないし、大きな書店で売られている心理学の専門書はやたらと難解で、そのまま自分の生活に応用できるものではありませんでした。もっと読みやすく、もっと実践的な、「認められたい」の悩みを解決してくれて、心理的に成長させてくれる本があったら、どんなに良かったでしょうか。

私は、自分自身の「認められたい」の問題が一段落した頃から、いつかそのような本をまとめてみたい、と思っていました。そしてかつての私のような境遇を生き、けれども自分自身の心理的な成長を諦めたくないと思っている人に、お届けしたいとも考えていました。「認められたい」をひとつのキーワードとして、本書はそのような人のためにつくったつもりです。時間をかけてでも自分自身を心理的に成長させたい、もっと人付き合いができるようになりたい

――そんな人に私はこの本をお薦めします。

承認欲求と所属欲求

では第1章から「認められたい」についてお話ししていきますが、その前に、日本語の「認められたい」という言葉の意味を振り返っておきます。

しばしば私達は「あいつは俺のことを全然認めてくれない」「もっと認めてくれたっていいのに……」などと思います。が、そうやってひとりひとりが思い浮かべている「認められたい」の解釈は微妙に違っていて、そのせいで誤解や行き違いが生じることもあります。そうした「認められたい」に含まれるいろいろな意味を一覧表にしてみると、図1のような感じでしょうか。

図1に並べたなかで、上側に位置している「認められたい」は、巷で語られている「承認欲求」そのものですが、「認められたい」のなかには表の下側に載せたようなニュアンスもあります。たとえば、誇れるような組織やグループに属しているだけで認められたい気持ちが充たされる人や、仲間集団の一員とみなされていればそれで十分な人もいます。クラスメートに無視されたくない気持ちなどは、これらの中間ぐらいでしょうか。

表の上側に相当する「**承認欲求**」という言葉は、アメリカのアブラハム・マズロー(Abraham Maslow)という心理学者が用いたもので、他人を介して自尊心や満足感を充たしたい気持ちを指します。「私は恋人として認めてもらいたい」「私はSNSで皆から注目されたい」「〝いい

図1　「認められたい」に含まれるいろいろな意味

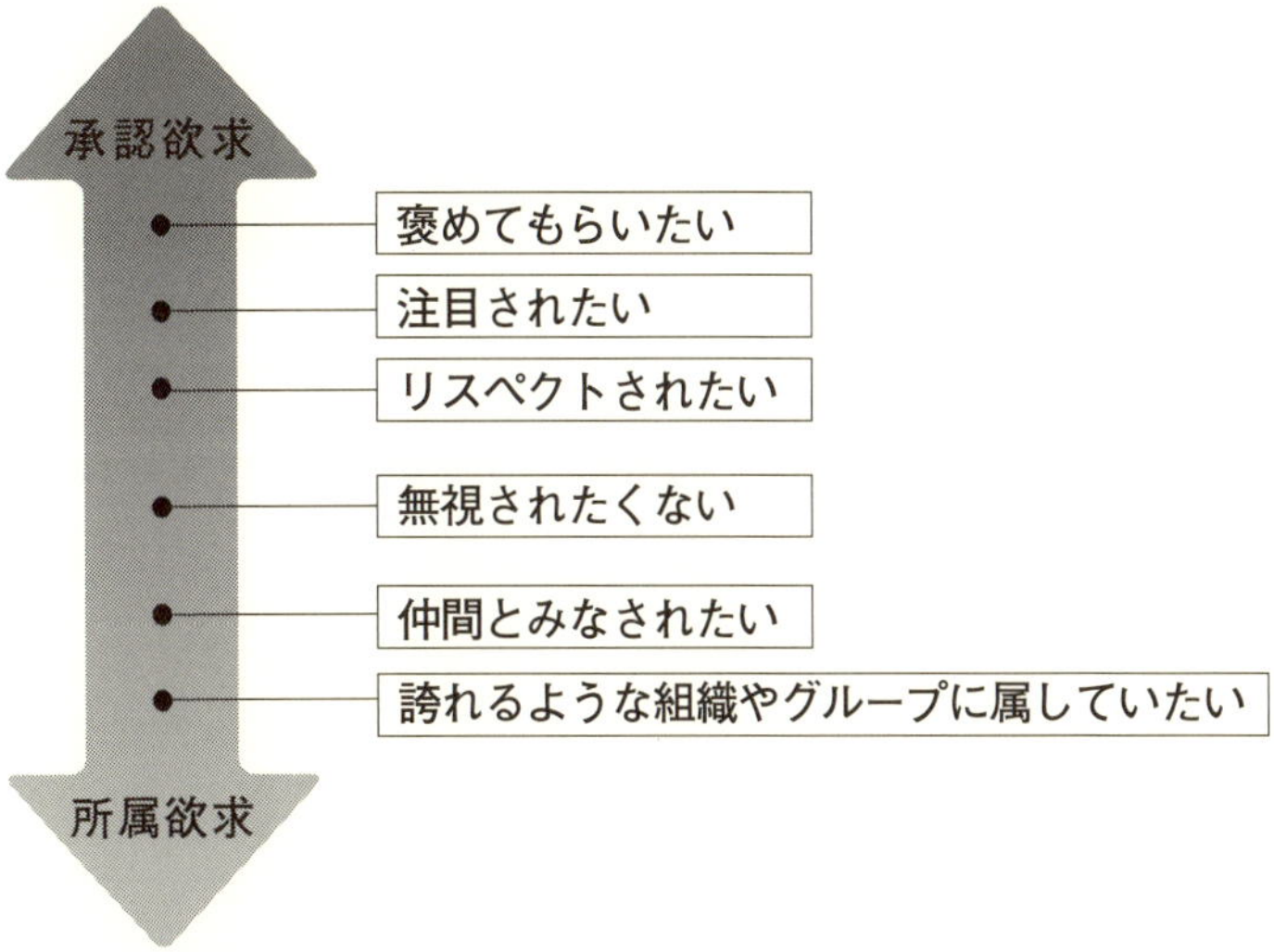

ね〟をもらいたい」といった、**自分自身にはっきり重点の置かれた「認められたい」が承認欲求**というわけです。

対して表の下側の「認められたい」は、自分自身にあまり重きが置かれていません。家族や仲間集団の一員でありたい、同じユニフォームに袖を通したいといった、**集団的で、主語のはっきりしない「認められたい」**は、マズローの言葉では「**所属欲求**」に分類されます。アイドルのファンクラブの一員でいたい気持ちなども、こちらに分類できるでしょう。

マズローは、人間は食欲や睡眠欲といった生理的な欲求が充たされ、安全も確保されると、承認欲求や所属欲求といった、「認められたい」気持ちを求めるようになる、と考えました。日本で暮

図2　マズローの欲求段階説

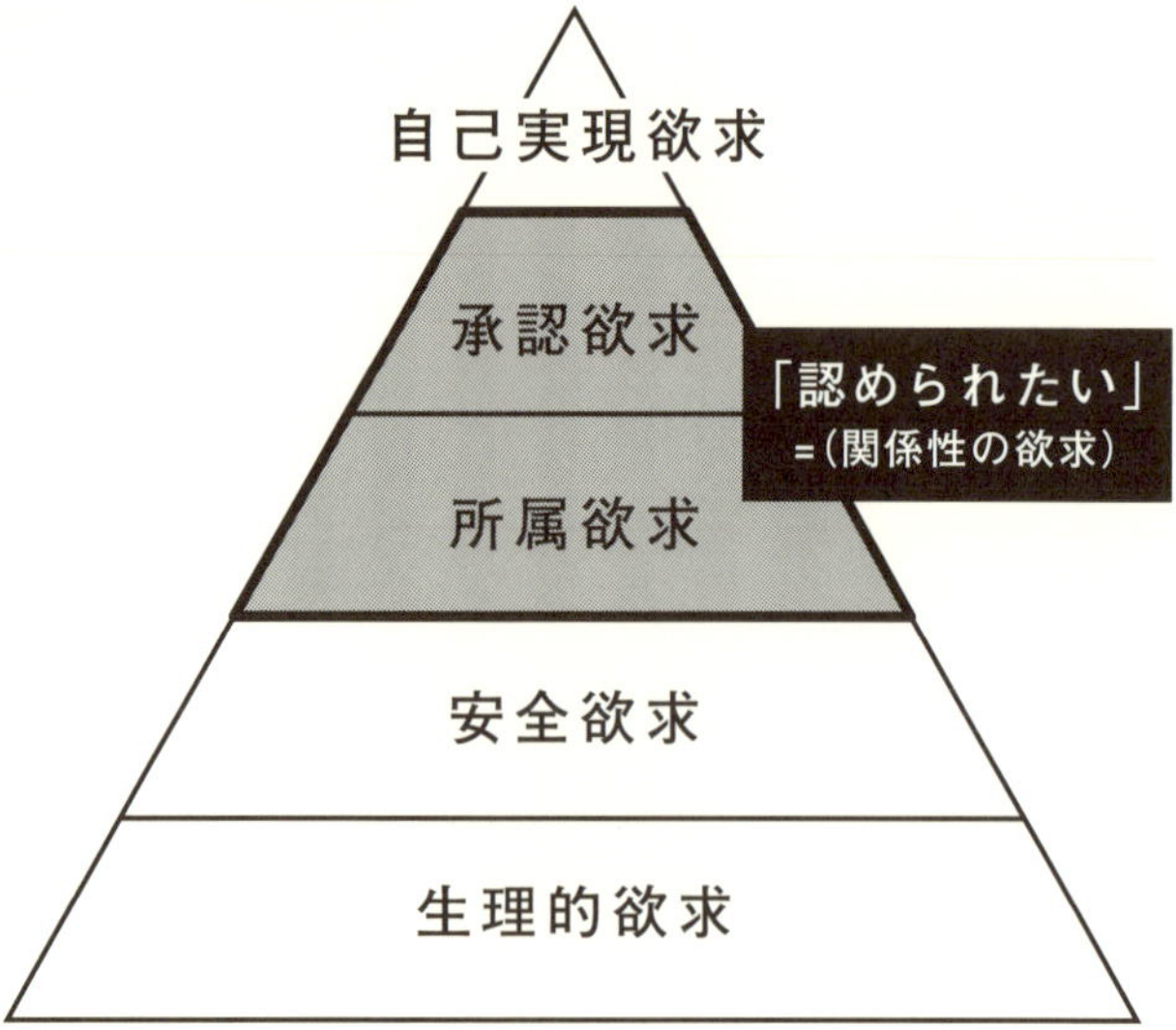

らしているほとんどの人は、生理的欲求や安全欲求を普段は意識しないので、日常生活で意識されやすいのは承認欲求と所属欲求です。これらを図にしたのが図2のマズローの欲求段階説です。

　承認欲求と所属欲求はどちらも人間関係にまつわる欲求なので、小難しい言葉を使って構わなければ、「関係性の欲求」とまとめても差し支えないかもしれません。

　が、この本では「関係性の欲求」という言葉は使わず、タイトルどおり「認められたい」という一般用語でまとめたいと思います。第1章と第2章では承認欲求のお話をして、第3章では所属欲求について触れます。そのうえで、両方の「認められたい」と上手に付き合っていくための方法や、「認められたい」を充たすのに必要なコミュニケーション能力や人間関係の距離感の問題についても、ページを費やしていきます。

本書を読み終わった頃には、どうやったら「認められたい」気持ちと上手に付き合えるようになるのかが、ご理解いただけるはずです。

contents

はじめに 2

あの日の私は「認められたい」に飢えていた 2
あなたは「承認欲求」という言葉を知っていますか？ 4
承認欲求と所属欲求 8

第1章 承認欲求 17

みんな大好き承認欲求 18
のび太、ジャイアン、出木杉くんに差がつく理由 20
承認欲求の時代がやってきた 23
認められたいからネットを使う 26
承認欲求の暴走
——低レベルではうまくいかない 29
承認欲求は貯められない！ 34
承認欲求が低レベルなのはこんな人 38

第2章　承認欲求を充たす条件　45

「見た目」良ければそれで良し？　46
承認欲求を充たしやすい人　47
承認は一日にしてならず　50
手っ取り早い承認と、その副作用　52
長所には消費期限がある　54
コミュニケーション強者も弱者になる　56
承認欲求の達人とは？　59
褒められまくる超人はほんの一握り　63

第3章　所属欲求　67

幸せの鍵は承認欲求だけではない　68
昔の日本は所属欲求で回っていた　70
個人主義と承認欲求、その行き着いた果てに　72
「普通に暮らしている人達」をお手本にする　75
承認欲求と所属欲求が噛み合って世の中は回っている　78
所属欲求もスキルアップのモチベーションにできる　80
所属欲求が低レベルなのはこんな人　82
目指すべきは「身近な人を大切にすること」　87

第4章 承認欲求／所属欲求のレベルアップ 91

「認められたい」はレベルアップする 92
子ども、若者のレベルが低いのは当たり前 94
レベルの差は何をもたらすのか 96
自己実現欲求なんて芽生えない 100
レベルアップは幼い頃に始まっている 105
必要なのは「適度な欲求不満」 107
ネットでもレベルアップはできるけれど…… 110
子どものレベルアップのために親ができること 114
恋愛で「認められたい」は充たせない!? 118
人生は「認められたい」のレベルで決まる 122

第5章 コミュニケーション能力を育てるための七つの基礎 127

1―挨拶と礼儀作法 129
2―「ありがとう」 132
3―「ごめんなさい」 134
4―「できません」 136
5―コピペ 139
6―外に出よう 143
7―体調を管理しよう 145
時間をかける 147
モテなくてもいいんです 150

第6章 人間関係の距離感 155
ほどほどの距離感を見失った
「認められたい」は難しい 156
人間関係の急接近は要注意！ 158
自分がしんどい関係は相手もしんどい 160
「毒親」と「ヤマアラシのジレンマ」 162
しんどい「ヤマアラシのジレンマ」を回避するには 167
「ひとつの絆」よりも「複数の絆」を 169
距離が遠ければそれで良し？ 173
間合いに「幅」を持たせよう 176

おわりに 178
レベルアップしても暗黒面に堕ちる人達 178
生きるために「群れろ」 181
死ぬまで「認められたい」を成長させ続けていくためには 184
「認め合える」社会をつくるために 186

第1章

承認欲求

みんな大好き承認欲求

人間はみな、他人の視線や評価を気にかけ、そのような人間が集まって社会は形づくられています。他人から褒められたい、きちんと評価されたい、注目されたい……といった欲求と無縁の人生を過ごせる人はまずいません。

「はじめに」でも触れたように、こういった他人の注目や評価を集めたい気持ちをひとことで表現すると、「承認欲求」という言葉にまとめられます。第1章では、この承認欲求の光と影の側面を紹介していきます。

私達は、他人に褒められたり注目されたりすると嬉しい気持ちになり、周囲から無視された状態が続くと悲しい気持ちになったり元気がなくなったりします。健全なメンタルヘルスを保ちたいなら、この「認められたい」気持ちと上手にお付き合いしたいところです。

とはいっても、この気持ちと付き合っていくのもなかなか大変です。

とくに思春期の頃は承認欲求が強まり、誰もが他人の評価を気にし、周囲に認められているか否かに敏感になります。まだスキルも経験も足りない中高生ぐらいの時期は、他人に褒められたい・評価されたい気持ちだけは一人前以上に強くなるため、中二病をはじめ、他人の気を引くための行動が極端になりがちです。そうした行動がうまくいけば良いですが、下手をすれば、クラスメート達から笑われたり、孤立したりすることもあります。最悪、学校に行きたくなくなったり、メンタルヘルスを損ねたりする人もいます。

承認欲求は、充たされればこんなに嬉しいものもない反面、求めて充たされなければ悲しく辛いものです。だからでしょうか、世の中を見渡せば、他人に褒められるためにいつも一生懸命な人、自分が認められなくなる事態を避けようとびくびくしている人の姿が目につきます。いつからか、漫画やアニメやゲームのキャラクター達までもが、褒められたり認められたりに一喜一憂するようになったのを見るにつけても、皆、認められることが大好きで、裏を返せば、この気持ちが充たされなくなったら生きていけない、と感じているのでしょう。

１９９０年代の心理学が流行していた頃は、やたら難しい心理学用語が世間を賑わせていましたが、それらに比べれば「承認欲求」という言葉は字面どおりのシンプルな言葉です。誰もが一度は抱いたことがあるであろう、「なかなか評価してもらえない」「もっと褒めて欲しい」といった気持ちをシンプルに言い表せる言葉だからこそ、承認欲求は広く使われるようになっていったのでしょう。

承認欲求を持っていない、例外はいるものでしょうか。

精神医療の世界では、承認欲求とほとんど無縁な生活を送っている人を稀に見かけます。たとえば統合失調症で長期入院している患者さんのなかには、仙人のような心持ちで過ごしている人がいなくもないのです。しかし、精神医療の世界でさえそういった人は例外中の例外で、褒められたがりな人にはたくさん遭遇しますが、褒められることに興味の無い人は非常に少ないのです。

世間で「空気が読めない」などと言われがちな自閉症スペクトラム障害（ＡＳＤ：Autism Spectrum Disorder いわゆるアスペルガー障害などを含む）の患者さんにしても、彼らの大半は褒められれば嬉しいと感じますし、評価されなければ落胆する点は同じです。

あれこれの精神疾患にかかっている人でさえ、承認欲求が欠けている人はごく一握りなのですから、それぐらい、他人から評価されたい気持ちは根源的なものなのでしょう。

のび太、ジャイアン、出木杉くんに差がつく理由

他人から認められて承認欲求が充たされると、私達は嬉しくなります。が、嬉しくなってそれで終わりというわけではありません。大抵の場合、褒められて嬉しくなると「もっと褒められたい」「次も褒められたい」といった欲が湧いてくるものです。そうやって私達はますます自分が認められそうなことをやりたがり、反復練習のように繰り返しているうちに、スキルを磨いていきます。

ですから、スポーツでも勉強でも趣味でも、頑張った後に周囲から「うまくできたね」「頑

張ってやれたね」とリアクションしてもらえることが当人にとっては重要ですし、教え上手な先生は、生徒さんの気持ちのくすぐりかたを心得ているものです。教育者だけでなく、部下のモチベーションを意識しなければならない上司にとっても承認欲求は重要で、実際、書店に行ってみると、承認欲求を題材にしたマネジメント系の本も並んでいます。

では反対に、自分がちっとも褒めてもらえない・評価してもらえない状況でスキルを磨いていくのはどうでしょうか。

皆さんもご存じのとおり、とても「しんどい」です。

たとえばサッカーが苦手で周囲から認められずにいる人が、サッカーのために努力を続けるのはものすごく大変です。勉強や趣味にしても同様で、承認欲求を充たしにくい状況でもモチベーションを保ち続け、スキルアップを成し遂げるのは並大抵ではありません。苦手教科を克服するより得意教科を伸ばしたがる人が多いのも、つまるところ、このせいです。

このあたりは、『ドラえもん』のキャラクターを思い出していただくと、よくわかると思います。

のび太は親に勉強しろといつも怒られていますが、いっこうに勉強する気配がありません。そりゃそうでしょう、親からは怒られてばかりで、学校でもテストの点数を評価されないのですから、そんな状況で勉強したい・頑張りたいなどと思えるわけがありません。のび太の場合、運動音痴なので、喧嘩の腕っぷしやスポーツでも承認欲求が充たされにくいため、その方面でもスキルアップする気配がありません。

逆に、先生からもクラスメートからも、何でもできるとみなされている出木杉くんは、いつでも何でも褒めてもらえるのですから、勉強にもスポーツにもモチベーションを感じやすいでしょうし、結果としてそれらのスキルも磨き放題です。

ジャイアンはふたりの中間で、勉強面では怒られてばかりで褒められないのでモチベーションが得られず、成績が良くなりません。ところがジャイアンの喧嘩の腕っぷしや運動能力はクラスメートから一目置かれていて、承認欲求が充たされるので、その方面のモチベーションには事欠かず、いくらでも頑張れます。もし、ジャイアンが出木杉くんのようになりたいなら、モチベーションを感じられない勉強をどうにかやり遂げ、評価される水準まで持っていかなければならないでしょう。

この三人に象徴されるように、何かを学びたい・身に付けたいと思った時、承認欲求を充たせるか否かはとても重要です。出木杉くんのように、何をやっても承認欲求が充たされる人は、何でも身に付けやすい反面、のび太のように、何をやっても承認欲求が充たされない人は、何にも身に付けられないのです。そしてジャイアンのように、偏った分野でだけ承認欲求が充たされる人の場合は、その偏りが上達するスキルにも反映されてしまいます。

承認欲求の時代がやってきた

　ところで、「褒めてもらえなければ何もできない、身に付かない」といった人間心理は、大昔からそういうものだったのでしょうか。

　おそらく、人間が褒められると嬉しくなること自体は、今も昔も変わりません。その証拠に、相手の承認欲求をくすぐるような社交術は大昔から存在していて、政治や商談の場面で役立ってきたのですから。

　だからといって、「褒めてもらえなければ何もできない、身に付かない」というほど、承認欲求が決定的に重要だったかというと、おそらく違います。

　さきほど私は『ドラえもん』を挙げましたが、それより古い1960年代には、スポ根漫画が子ども達に支持されていました。褒められたり認められたりする機会が乏しくても、苦しい練習に耐えて成長していくストーリーには、承認欲求をモチベーションにしている気配があまり感じられず、今日では支持されそうにないものですが、過去にはそのような作品が受け入れられていたのです。

　似たような傾向は、大人社会にもあります。現在でこそ、働く人のモチベーション源として承認欲求が注目されていますが、昭和の頃はそれほどでもありませんでした。当時のサラリーマンのなかには、自分自身が褒められたり注目されたりしていなくても、モチベーションを維持し、企業の看板に誇りをもって働く人がたくさんいたのです。年功序列的な考え方が強く、個人の業績はあまり意識されていませんでしたが、それでも大半のサラリーマンはそれなりに働き、社会も破綻せず回っていました。

もっと時代を遡れば、商人や職人の子どもなどは、厳しい徒弟制度のなか、褒められたり評価されたりする機会が乏しくても修業してきたのでした。「丁稚奉公は辛いもの」と相場が決まっていたといいますから、そうした環境は当時の若者にも辛かったのでしょう。それでも、修業を重ねた子どもだけが一人前になれるシステムで、社会が回っていたわけですから、上司が部下のモチベーションに気を配り、承認欲求を刺激して、効率的に働いてもらおうと考える現代とは対照的です。

つまり、個人として褒められたい気持ちは、過去の時代にも存在したけれども、社会のなかではそれほど重要視されていなかったのです。

第3章で詳しく触れますが、かつては自分自身が褒められる承認欲求より、企業や共同体の一員でいたいという所属欲求のほうが、「認められたい」としては重要でした。付け加えると、生活保障も医療も行き届かない時代を生きていた人にとっては、毎日の衣食住や身の安全といった、マズローの三角形で言えば下部にあたる欲求も、モチベーションの源として重要だったのです。

ところが社会が安全で豊かになり、誰もが生きたいように生きられるようになるにつれて、企業に心を傾けて定年退職まで面倒をみてもらいたがる人も、毎日の衣食住や身の安全にモチベーションを感じる人も減っていきました。そしてバブル景気が終わって、定年退職まで面倒をみてもらえる見込みが低くなってくると、企業の看板に誇りを抱くようなワークスタイルは流行らなくなり、代わって「成果主義」「自己責任」といった、自分自身が評価されるか否かを意識した言葉が広まっていきました。

社会全体の流動性が高まり、企業や共同体に身を任せていられない状況では、自分が評価される場所を自分で探し、そこでスキルを伸ばしていくしかありません。そういう状況に適応していくためには、滅私奉公を良しとする所属欲求の強い心理よりは、他人から褒められたり評価されたりしてモチベーションを獲得するような、承認欲求の強い心理のほうが都合が良かったとは言えるでしょう。

褒められたがり・評価されたがりな心理は、ときに上の世代から「自己中心的だ」などと非難されることがあります。実際そうかもしれませんが、昭和以前とは社会状況が大きく変わってしまったわけですから、「認められたい」の承認欲求へのシフトは起こるべくして起こったものとも言えます。たぶん、必要な変化だったのでしょう。

認められたいからネットを使う

そうした〝承認欲求の時代〟が成立するのと時を同じくして、1990年代にはインターネットが使われ始め、二十年あまりで普及していきました。そのインターネットを眺めていても、「認められたい」の承認欲求へのシフトをみてとることができます。

現在のインターネットを眺めていると、いかにも承認欲求を充たしたくて頑張っているような人をどこでも見かけます。なにか気の利いた事を書いて「いいね」や「リツイート」を集めたがっているツイッターアカウント、グルメや観光地の写真をせっせとアップロードして「いいね」をもらいたがっているFacebookアカウント、あなたの周囲にもありませんか？　褒められたがりなアカウントが若い人ばかりかというと案外そうでもなく、四十代、五十代のネットユーザーが、自慢話に精を出している光景もよく見かけます。

ですから、今日のネットカルチャーは承認欲求を語らずして語ることなかれ、と言っても過言ではありません。「いいね」を筆頭に、いつの間にかインターネットは、ボタンひとつで遠くの相手と承認欲求をやりとりできる仕組みで埋め尽くされました。誰かを褒めるのも、誰かから褒められるのも簡単になり、ネットを使って心理的に充たされるための敷居が一気に下がった感があります。

そしてソーシャルゲームやInstagram、「小説家になろう」などといった、ここ数年で一気にメジャーになったネットサービスを眺めやると、必ずと言って良いほど、ユーザー自身の褒められたい欲求を充たしやすく、刺激しやすいようなシステム上の工夫がみてとれます。なかにはpixivやニコニコ動画のように、ネガティブな反応でユーザーの承認欲求が充たされず、心が折れてしまう可能性を最小化するための仕組みまで備えているものもあります。どうやら今日日《きょうび》のネットサービスは、「ユーザーが褒められやすく、けなされにくい」場所をつくらなければ繁盛しないようです。

こうした承認欲求だらけのネットカルチャーも、一昔前まではそうでもありませんでした。2000年頃のインターネットには「いいね」を簡単・リアルタイムにやりとりできるツールはなく、自分の趣味や研究のホームページを公開し、たまに感想メールの一通でも来れば十分……といった、のどかな状況が続いていました。

ネットコミュニケーションの大きな割合を占めていた2ちゃんねる系の掲示板でも、個人として承認や評価を集めたがるコテハン（固定ハンドルネームの略。ツイッターのアカウント名のようなもの）は少数派で、しばしば嫌われていました。コテハンを名乗らない「名無し」が寄り集まって「おれらの」「暗黙の空気」を尊重し合うのが、2ちゃんねるではマナーだったのです。

変化が進んでいったのは、ブログが普及した2000年代の中頃あたりからです。個人でブログのアカウントを取得し、承認欲求を充たしたがるユーザーが増え始め、ネットコミュニケーションは、個別のアカウント同士によるものに変わっていきました。SNSが普及した2010年代に入ると、個人それぞれが、SNSのアカウントを介して承認欲求を充たす流儀がはっきりと主流になり、2ちゃんねる的なネットコミュニケーションは流行らなくなりました。

どうしてそうなったのでしょうか？　その原因の第一は、さきほど書いたように、社会全体が承認欲求のほうにシフトしていったからでしょう。また、ネットサービスを提供する各企業が、ユーザーそれぞれの承認欲求をくすぐり・煽ることで利用率が高まることに気づき、その手腕を洗練させてきたからかもしれません。

ともあれ今日において、何かをネットに発信するという行為は、自分自身の承認欲求を充たすための行為と限りなくイコールになりました。もちろんインターネットには、情報収集などいろいろな実用的機能があるのも事実ですが、それらの背後には心理的要素、とりわけ「認められたい」という欲求がいつも見え隠れしています。

それこそツイッターをご覧いただければ、ネットの使い方の現実がわかろうというものです。お互い評価しあっている者同士で「いいね」や「リツイート」を交換しあうのが一般的で、情報の真偽や多様性に注意を払いながら使っている人は、果たしてどれぐらいいるでしょう？　FacebookやLINEにしても同様です。大半の人は、自分がどれだけ褒められ、他人にどんな風に評価されるのかに心を奪われながら、使っているのではないでしょうか。

承認欲求の暴走――低レベルではうまくいかない

こんな具合に、世の中もインターネットも、いつの間にか承認欲求とは切っても切れなくなりました。

それはそれで悪いことではない、と私は思います。こういう世の中になった以上、褒められたい・評価されたい気持ちを活かし、成長したり成り上がったりすれば良いわけで、事実、そのように承認欲求を活かしている人もたくさんいます。

ただ残念なことに、誰もが承認欲求を、成長の原動力として活かせているわけではありません。

ロールプレイングゲーム風の言い回しをするなら、承認欲求には〝レベルが高い〟人と〝レベルが低い〟人がいます。レベルが低い人は、えてして、頑張って賞賛や評価を追い求めているつもりが悲惨な状態にみずからを追い詰めたり、時間やお金を費やしたのにしようもないスキルばかり身に付けてしまったり、なかなか大変です。ここで、承認欲求のレベルが低い人の極端な事例として、精神科を受診するに至ってしまった二例をご紹介します。

事例 ① 承認欲求でいつもくたびれているAさん（28歳・女性）

Aさんは「なかなか治らない鬱病」として、隣町のメンタルクリニックから紹介されてきました。問診票には「二年ほど半引きこもり生活をしていた」と書かれていましたが、その割には服装がキチンとしていて、メイクも完璧なのが印象的でした。

Aさんは中学生の頃に摂食障害（拒食症）になりかけましたが、半年ほどで自然治癒し、都内の大学に進学しました。卒業後、都内のアパレル系企業に就職しましたが、自分がやりたい仕事ができる環境ではないと思い一年で退職。地元に戻って再就職しましたが、こちらも肌に合わず退職し、この頃から心身の調子がすぐれなくなって、メンタルクリニックに通うようになりました。

しばらく私のもとに通院するようになって判明したのは、「Aさんは意外に社交的だが、すぐにくたびれる」ということでした。趣味がコスプレで、イベントにもときどき参加するのですが、そのたびに周囲の注目や人間関係に気を遣い過ぎ、家に帰るとAさんはぐったりしてしまうのでした。仕事の時も同じで、周囲に認められるために頑張っているけれども、力の抜き加減がわからないとのことでした。

趣味も、仕事も、いや私との診療関係のなかでさえ、Ａさんは「自分を褒めて欲しい・評価して欲しい」という気持ちが強く、そこに縛られ過ぎて、生活もメンタルも余裕が無くなってしまうのがみてとれました。せめて精神科を受診する時ぐらい、ラフな格好で肩肘を張らずにいらっしゃいませんか？　と提案してみても、それがＡさんには簡単ではないらしく、悩み続けています。

このようなタイプの患者さんの言動をみていると、「他人から褒められなければならない・評価されなければならない」という行動原理がきついほど認められます。Ａさんが中学生時代に摂食障害になりかけたのも、おそらくこのせいでしょう。ありとあらゆる人間関係に「認められたい」というより「認められなければならない」気持ちが付きまとっていて、彼女には身も心も休まる時間がありません。これでは心身の調子を崩すのは当然ですし、薬物療法だけで治癒するほど単純ではありません。

コスプレイベントが趣味になっているとおり、Ａさんにも承認欲求を充たすことを楽しんでいる部分があり、それ自体は悪いことではありません。だとしても、ときに周囲が気疲れしてしまうほど気を張っていれば、神経がもたないだけでなく、人間関係にもかえって悪影響を与えかねません。

「認められたい」気持ちも、度が過ぎてしまえばマイナスに働いてしまうことを、Aさんの事例は教えてくれます。

事例② 他人に注目される喜びに目覚めてしまったBさん（22歳・男性）

Bさんは大学生。「オンラインゲームをやっている時以外は元気が無い」ために、親に連れられて精神科を受診しました。

両親によると、Bさんは高校生時代までは育てやすく、トラブルの少ない子どもとみなされていたそうです。

ところが大学に入学し、〝一念発起して〟演劇部に入部してからは部活動に夢中になり過ぎてしまい、授業にほとんど出なくなってしまいました。単位をたくさん落としたBさんは親から叱責されて落ち込み、そのうえ後輩が入って来た二年目の春頃からは、演劇部でも人間関係がギクシャクするようになってしまいました。

夏頃からは演劇部にもあまり顔を出さずオンラインゲームにのめり込み、昼も夜もパソコンから離れない生活に陥ってしまいました。連日やり込んだおかげでゲーム世

界ではトップランカーの地位を確立し、ゲーム内のコミュニティでの付き合いも盛んになりましたが、勉学や日常生活は疎かになり、留年が確定してしまいました。

来院した時のBさんは、声がかすれて会話がぎこちないものの、重い精神病にみられるような症状は乏しく、現在の問題点を、自分で次のように表現できる状態でした。「演劇で人前に立って目立つ楽しさを知りました。でも、人間関係が難しくなって困っていた時にオンラインゲームに出会って、そっちで目立てるからやめられなくなってしまいました」

Bさんはオンラインゲームにのめり込んでまだ日が浅く、幸い、演劇部との関係も切れていなかったため、まずは演劇部に復帰し、大学キャンパスに慣れるのを当面の目標としました。この目標設定はうまくいき、Bさんは部活動に復帰した後、授業にも出席するようになりました。

その後もBさんはオンラインゲームを続けてはいますが、趣味と社会生活のバランスは改善しました。もう一年留年しましたが大学は卒業し、就職後の生活やメンタルのコンディションに問題がみられなかったため終診としました。


Bさんは高校時代までは目立たないタイプで、大学も、親の勧めと偏差値のままに選んだそうです。本人が言うには、大学に入るまでは「自分の無い子ども時代」だったとか。ところが演劇を通じて自己表現に目覚め、他人の視線を集めることに夢中になってしまいました。それまで気づいていなかった自分自身の欲求に目覚めたこと自体は、私は悪いことではなかったと考えますし、むしろ、大学生のうちに気づけて幸いだったかもしれません。

ただ、承認欲求の喜びを知ったばかりのBさんは、自分自身の欲求のコントロールに失敗し、大学生としての社会生活が続けられなくなってしまいました。演劇部でギクシャクした一件についても、Bさんは「あの頃は出しゃばり過ぎていた」と回想しています。

Bさんには演劇部との繋がりがまだ残っていて、オンラインゲームにのめり込んで日も浅かったため、どうにか大学を卒業できました。が、こうした好条件を伴っていなかったら、Bさんの人生はもっと難しくなっていたかもしれません。

AさんもBさんも承認欲求を充たせる状況そのものに慣れておらず、充たすために使える手段も限られ、しかも充たすなら徹底的に充たせなければ気が済まない人達でした。こういう、承認欲求と不器用な付き合い方しかできない状態を、私は承認欲求のレベルが〝レベル2〟〝レベル3〟ぐらいの低レベルな状態だと喩えたいわけです。

承認欲求は貯められない！

人を励まし、成長や努力の原動力になるはずの承認欲求も、AさんやBさんのようになってしまえば、たまったものじゃありません。これらは最終的に精神科を受診した、いわば極端な事例で、ここまで追いつめられる人は少数派でしょう。それでも、友達付き合いやLINEのトークで神経を遣い過ぎる人や、サークル活動やインターネットで注目を集めて舞い上がって失敗したことのある人には、他人事と笑って済ませられない部分もあるのではないでしょうか。

こうしたこともあってか、昨今は、承認欲求という言葉にネガティブな反応を示す人も少なくないようです。

私は、「モチベーション源としての承認欲求を否定するのは間違いだ」と考えますが、否定したくなる気持ちもわかるような気がします。なぜなら近年のインターネットでは、承認欲求を充たすためにネット炎上を意図的に繰り返したり、違法行為で悪目立ちしたりする人や、ストリップまがいの動画配信で男性の気を引こうとしている女性が目につくからです。ああいう光景ばかり眺めていると、承認欲求とは、人間から正気を奪ってしまう〝厄介者〟だと思われても不思議ではありません。

ただ、どうか誤解しないでください。これらは承認欲求が最も極端なかたちで現れている姿で、一般的でも平均的でもありません。インターネットでは極端な言動がクローズアップされやすいので、こうした人が目につくだけなのです。

それでも、ネット上で承認欲求を暴走させている人達から学べる教訓もあります。それは

「**承認欲求は貯められない**」ということです。

この点、承認欲求はお金より食欲に似ています。充たされていない時には本当に苦しいけれど、充たされてしまえば気にならなくなる。でも、満腹感はお金のように貯めこんでおけないから、いっぺんに沢山食べたところで定期的に食事が摂れなければ、すぐに飢えてしまいます。承認欲求もそれと同じで、いっぺんに沢山充たしても定期的に充たさなければ、じきに飢えてしまうのです。

ネットで目立っている人達、とりわけネット炎上を繰り返している人などは、ひと昔前の人間一生分ぐらいの注目や承認を短時間に集めます。もし、承認欲求がお金のように貯めこんでおけるなら、たちまち一生分を貯めきって、もう承認欲求を充たす必要もなくなりそうです。ところが彼らはなかなか自分の行動を変えません。なぜなら、短時間にどれだけ注目されても、二日、三日と経ってくれば承認欲求の充足感は失われてしまうからです。「最大瞬間風速」的な注目や承認は、絶対に食べきれないご馳走の山みたいなもので、そのときはものすごく充たされたとしても、その喜びを噛みしめられるのはほんの少しの間だけです。

そのうえ人間は欲深くできているらしく、そういった注目や承認を繰り返していると、充足感を実感するためのハードルが高くなってしまいがちです。最初は脳が痺れるような興奮と喜びをもたらしてくれた体験も、二度、三度と繰り返せばマンネリ化し、もっと強い興奮を、もっと激しい喜びを……と願ってしまうのは、インターネットで行動をエスカレートさせてしまう人達にありがちなパターンです。

同じことはオフラインの世界でも起こります。たとえば出会った頃は振り向いてもらっただけで承認欲求が充たされ、幸せを感じさせてくれた恋人に対して、一緒に暮らしているうちにちょっとやそっとでは幸せを感じなくなってしまい、相手に多くのことを要求してしまう……といった男女はたくさんいます。そうやって人間関係をだめにしてしまっている人達は、ネットで承認欲求をエスカレートさせている人達のことをあまり笑えたものではありません。

大事なことなので二度言いますが、**承認欲求は貯められません**。そのうえ、注目や承認を求め過ぎていると、食べてばかりで胃袋が大きくなってしまった人のごとく満足しにくくなってしまい、身近な人が自分を認めてくれているありがたさを忘れてしまうこともあります。

だから、褒められる・評価される体験のひとつひとつは私達にとって嬉しいとしても、唐突に、フルコースのような承認欲求を充たす機会がやって来るのは、案外、危険なことかもしれません。

これらは、よく考えれば当たり前かもしれませんが、多くの人は意外とこうした承認欲求の性質を気にしていません。ごく単純に「承認欲求がたくさん充たせたほうが、良いに決まっている」と考えて行動している人のなんと多いこと！　しかし、いちどきに承認欲求を充たそうと欲張ったって、お金のように貯蓄できるわけでもなく、充足感を得るためのハードルもあがりやすいのですから、承認欲求とはもっと慎重にお付き合いしたほうが良いはずです。

承認欲求が低レベルなのはこんな人

残念ながら、いくら年齢を重ねても「認められたい」気持ちに振り回されてコントロールできていない人も、世の中にはたくさんいます。

本章の締め括りとして、承認欲求でいつも失敗ばかり繰り返している、欲求の取扱いが下手な人達、つまり、承認欲求のレベルが低い人にありがちな幾つかのタイプを紹介します。

① 自分の承認欲求しか意識していない人

第一に挙げたいのは、自分が褒められること・評価されることに無我夢中で、周りの人の「認められたい」気持ちを意識できない人です。

同じ人間である以上、自分の周りの人達ももちろん承認欲求を持っています。にもかかわらず、自分の言動が他人の承認欲求を充たしてあげられるのか損ねてしまうのか、そのあたりを意識せず、ひたすら自分の承認欲求の充足を優先していれば、嫌われてしまう確率が高くなってしまいます。そりゃそうでしょう、誰だって、自分のことしか考えていないナルシストよりは、お互いに承認欲求を充たし合える人と付き合いたいでしょうから。

ところが世の中には、こうした他人の「認められたい」をなかなか考えられない人――というより考える習慣がぜんぜん身に付いていない人――が案外います。それでも、素晴らしい才能を持っていたり、激しい自己主張が許される場所で働いていたりすれば、なんとかやっていけるかもしれません。ですが、承認欲求に目覚めて間もないBさんが演劇部でギクシャクしたことが示しているように、ごく普通の人間同士で仲良くやっていこうとする際には、これが大問題になってしまいます。

② 承認欲求が強すぎる人

承認欲求が強すぎて、自分が願ったとおりに褒められたり評価されたりしないと満足できず、苛立ちやすいタイプです。心理学風に言い直すなら「褒められることへの要求水準が高すぎる人」となるでしょうか。

承認欲求が強すぎる人との付き合いは簡単ではありません。ちょっとやそっと褒めたぐらいでは無反応か、かえって怒られてしまうことすらあります。こういう人とうまくお付き合いするには、相手がどんな時にどこまで褒められたがっているかを先読みし、的確に承認欲求を充たしてあげなければなりませんが、そんなことをさせられる周囲のストレスは計り知れません。

③ 褒められ慣れていない人

本当は承認欲求を充たしたくて仕方ないけれども、いざ自分が褒められそうな場面に遭遇すると足がすくんでしまったり、自分が褒められてはいけないような気がして恐縮したりするタイプです。このタイプの人は、人から褒められたり注目されたりすることに慣れておらず、そうした機会から逃げ回っていることすらあります。

褒められ慣れていない人との付き合いも、意外と大変です。本人が耐えられないかたちで褒めたり評価したりしてしまうと、当惑されたり、最悪、人間関係を切られてしまったりすることさえあるからです。

さりとて本人に承認欲求が無いかというとそうでもなく、褒められ方次第では喜んでくれますし、むしろそのような瞬間を待ち望んでいるふしも見受けられます。ただ、このタイプの人は、承認欲求が充たされる体験にあまりにも慣れていなくて、褒められた時にどうリアクションすれば良いのかわからず、自分自身を持て余してしまうのです。

④ 褒められどころの〝目利き〟が下手な人

どういう場面なら自分が褒められやすいのか・どういう分野で自分が評価されやすいのかを〝目利き〟するのが下手なタイプもいます。

人間には素質や性格の違いがあり、自分に適したジャンルやフィールドで努力を重ねたほうが人に褒められやすく、スキルも身に付けやすいものです。ところがそのあたりの見当をつけるのが下手で、自分の素質や性格の向いていないところで頑張ってしまう人も結構います。

流行に流されていつも失敗している人なども、ここに含めて良いかもしれません。他人に認められたいあまり、自分に合っているかどうかも考えず「このライフスタイルが格好いい！」「あの仕事がイケてる！」みたいな、見映えだけはいい話にホイホイついていってしまう人は、自分自身のどこが他人から評価されやすいのか、よくわかっていないのでしょう。だから承認欲求の充足が、流行頼みになってしまうのです。

⑤ 承認欲求が承認義務になってしまっている人

事例①のＡさんもそうですが、他人に褒められたり評価されたりすることが、ほとんど義務になっている人もいます。「褒められて嬉しい」「評価されてやる気が出た」といった加点法の感じ方ができず、「褒められないと不安になる」「評価されない自分が許せない」といった減点法で感じてしまう人は、褒められても満足しにくく、かといって褒められなければストレスを感じてしまいます。そのため、このタイプの人はしじゅう疲れやすく、苦労に見合った満足が実感できません。

また、そういった不安やストレスは意外なほど他人に伝わってしまい、これがまた周囲を気疲れさせてしまうのです。たとえば、褒められるとニコニコしている人と、褒められていないと不安そうに顔がひきつってしまう人がいたとして、仕事やレジャーの相棒として多くの人が選びたくなるのはどちらでしょうか。

⑥ 怖いから何もしない人

⑤に似ているけれども、やっていることが正反対の人です。つまり、褒められたいけれども自分が認めてもらえない事態に直面したくないあまり、何もしない・何もできないタイプです。こういう人は、自分が褒められると確信が持てる時以外は何もせず、人目に付く行動も避けたがります。承認欲求は充たせないとしても、承認欲求を求めて裏切られてがっかりすることも無い、というわけです。

しかしこういう生き方を長年続けていると、何もせず、何にも情熱を傾けないまま時間ばかり過ぎてしまい、スキルを習得する範囲も狭く偏ってしまいます。また、自分はどうすれば褒められやすいのか、褒められるためにはどういうコツが必要なのか、そういった褒められるためのノウハウも身に付かず、いつまでたっても自信を持てません。ノウハウも自信も欠乏しているせいで、ますます行動するのが怖くなり、ますます何もできない悪循環に陥ってしまいます。

ここに挙げたどれかひとつにズッポリ当てはまっている人、あるいは二つ三つと重なって当てはまっている人は、承認欲求が低レベルな可能性が濃厚です。断っておきますが、⑥のタイプだからといって、承認欲求に振り回されていないわけではありませんからね？　何もしないままで人生の選択肢を狭めてしまっているのも、それはそれで承認欲求に振り回されているということじゃないですか。

本当は他人に褒められたい・評価されたいけれども、その気持ちをプラスの力に活かせないのは、私は勿体ないことだと思います。承認欲求は、完全に封じ込めようとしても封じきれるものではありません。もし、私達がこの欲求から離れられないのなら、義務や不安として感じるのでも、怖れて逃げ回るのでもなく、有用なモチベーションの源として、取扱いに慣れていったほうが好ましいはずです。

続く第2章では、その承認欲求を、できるだけ有用で幸せなものにしていくために必要な要素は何なのか、承認欲求が高レベルと言って差し支えない、「認められたい」と上手に付き合っている人達は、どういった特徴や条件を満たしているのか、そのポイントをみていきましょう。

第2章

承認欲求を充たす条件

「見た目」良ければそれで良し？

ひとことで承認欲求と言っても、それで人生を豊かにしている人もいれば、うまくいかなくなっている人もあり、その実態は千差万別です。前章の終わりで紹介したように、承認欲求の取扱いが下手な〝承認欲求が低レベルな人〟は、充たし慣れていないがために欲求に振り回されがちで、いつも苦労が絶えません。

「じゃあ、どうやったら承認欲求のレベルを高くできるの？」という話になりますが、その一番肝心な部分は第4章でじっくり解説するとして、この第2章では、「どういう人が褒められやすく、承認欲求を充たしやすいのか」について話をします。

褒められやすい人・評価されやすい人には、どのような条件が備わっているのでしょうか？こう問うてみると、「結局、顔が一番大事なんだろ」「会話がうまいかどうかでしょ」と諦めたような口調で答える人もいるでしょう。

顔かたちの美醜や会話の上手・下手によって、承認欲求が充たされる頻度が変わること自体は、おそらくそのとおりでしょう。ただし、それらが「絶対に変えることのできない」ものだとは私は思いません。

顔かたちの美醜は、十年単位でみればかなり変わりますし、それを評価する周囲の目線も変わっていきます。子ども時代の美醜の評価基準と青年時代のそれは似て非なるものですし、中年期や老年期にもなれば、もはや子ども時代のかわいらしさは通用しません。〝魅力的な顔かたち〟は年齢とともに変化していくので、服装や化粧もそれに似つかわしいものに変えていかなければなりません。

会話の上手・下手にしてもそうで、子ども時代にクラスの人気者だったからといって、三十〜四十代になってもそのままとは限りません。反対に、中高生時代までは会話が下手だった人が、成人後にはどんどん上達していき、いつの間にか人気者に〝成り上がっていく〟こともあり得ます。

このように、承認欲求を充たしやすいか否かを左右する条件は、永遠不変というわけではありません。長い時間でみれば、良い風にも悪い風にも、変わり得るものと心得ておくべきです。

承認欲求を充たしやすい人

顔かたちの美醜や、会話の上手・下手以外にも、「これがあったほうが承認欲求を充たしやすい」と言えそうな条件はいろいろと挙げられます。

身だしなみ、体格、教養、創作センス、有名人とのコネ、SNSのコメントを送信するタイミング……。

個人それぞれの社会的立場や活動領域によって、有効性や優先順位はまちまちですが、これらはどれも、承認欲求を充たせるかどうかを左右し得る条件です。ひとつひとつを紹介していくときりがないので、本書では大きくわけて、

①【他人に評価されるような長所】
②【コミュニケーション能力】

の二つに分類して話を進めていきます。

①【他人に評価されるような長所】には、勉強や仕事をやり遂げる能力、おいそれとは真似できないスキルなどが含まれます。アーティストやプロスポーツ選手が持っているような、レアで金銭報酬を伴った長所もあれば、カラオケで歌うのがうまい・ゲームがうまい・草野球の打率が良いといった、日常生活で発揮される長所もあります。社会人なら、専門性の高い業務・任せて安心な業務も長所にカウントして構わないでしょう。

自分が誰かに褒められたり評価されたりする際、どこか良いところが目につかなければなかなか褒められようがないわけで、なんの長所も持たないより、なにか長所を持っていたほうが承認欲求を充たしやすいのは当然です。レアで金銭報酬を伴うような長所の場合、コミュニ

ケーション能力に難があっても、承認欲求を充たせそうにみえますから（本当は大変厳しいのですが）、多くの人の憧れの的になりがちです。

②【コミュニケーション能力】には、コミュニケーションの出来不出来を左右し、自分自身（や自分と利害を共有する人達）にとってプラスになるような状況をもたらす、すべての要素や能力が含まれます。コミュニケーション能力と言えば、多くの人は「会話をする能力」や「空気を読む能力」を連想するかもしれませんが、そういったものだけでコミュニケーション能力が成り立っているわけではなく、もっと様々な要素が含まれます（このことについてはP56で述べます）。

また、顔かたちの美醜やファッションのように、①と②の両方の性質を兼ね備えている条件もあります。たとえば美男美女のモデルは、それらを長所として仕事をしていますが、多くの場合、それらの長所は、コミュニケーションの出来にもプラスに作用しているはずです。

たとえ長所を持っている人でも、他人にそれを認めてもらえるようなコミュニケーションの場に出ていけなければ、承認欲求を充たせる機会は減ってしまいます。反対に、いくらコミュニケーションが上手でも、長所が乏しければ褒められどころが少なくなってしまいます。つまり、どちらかの条件を備えているだけでは不十分で、両方の条件を備えているほうが、承認欲求を充たすには都合が良いのです。

承認は一日にしてならず

なら、さっそく長所をつくりましょう、コミュニケーション能力を鍛えましょう……と飛びつきたくなる人もいるかもしれませんが、あまり焦ってもいけません。

そもそも、長所と呼び得るような特徴が、一日かそこらでできあがるなんてことは無いのです。ピアノの演奏が上手な人にしても、勉強ができる人にしても、仕事ができる人にしても、それらは時間や情熱をかけてきたから長所になり得たわけで、たちどころにスキルが身に付いたわけではありません。〝好きこそものの上手なれ〟で上達したのか、それとも血のにじむような努力を重ねたのかは人それぞれでしょうけど、時間や労力を費やして磨き続けなければ長所ができあがらないのは、皆同じです。

コミュニケーション能力についても、似たようなことが言えます。もともと顔かたちが端正に生まれてきた人でさえ、たくさん場数を経験し、コミュニケーションが成功した体験を積み重ねなければ、コミュニケーション能力は育ちようがありません。その点、「怖いから何もしない人」（P42）のようにコミュニケーションを避け続けてきた人は、多少痛い目に遭いながらでもコミュニケーションを繰り返してきた人に比べて、どうしたってコミュニケーション能力で劣ってしまいます。

こう書き立てると、「めんどくせー、無理だー」「もっと簡単な方法を教えろー」といった声が聞こえてきそうです。いや、気持ちはわかるんですけれども。

でも、現実はご都合主義なドラマやアニメのようにはできていないので、褒められやすい人・評価されやすい人になるためには、どうしたって時間はかかります。私自身も、コミュニケーション能力を育てるために頑張っていた頃は、「五年で一区切り」という意識で取り組んでいました。最初の一年はまったく成果を期待しない実験の年。できれば二〜三年後に成果が現れて欲しいけれど、五年後に自分が褒められやすくなっていれば良しとする——もし、私がそういう〝気の長さ〟を持たずに、半年先や一年先に成果を期待していたなら、きっと挫折して自分に失望していたでしょう。

診察室の内外を眺めていても感じることですが、私は、長所を伸ばすのもコミュニケーションを上達させるのも、焦ってやろうとする人ほど失敗しやすく、自分に失望しやすいとみています。どうか、すぐには上達しない自分自身に、寛大になってあげてはくれませんか。

なんにせよ、たかだか半年や一年程度のトライアルで自分の可能性や才能を見限ってしまうのは、せっかちなことです。ことわざで「桃栗三年柿八年」とも言いますが、本当は、自分の才能の向き不向きは、時間をかけて慎重に判定すべきではないでしょうか。

早く承認欲求を充たしたいと焦る気持ちも、承認欲求に飢えた辛さもわかるのですが、人間を成長させるには時間がかかるのが一般的で、すぐに成果の出る解決法は、どこか不自然で怪しげでもあります。しっかり時間をかけるのが本筋というものです。

手っ取り早い承認と、その副作用

その一方で、一刻も早く評価されたい人達の気持ちを見透かしたかのような、イージーなサービスがあちこちに存在しています。次のようなサービスを用いれば、さしあたって、誰でも短期間に承認欲求をドカドカ充たせるのは事実です。

最近のコンピュータゲームは、20世紀のそれより派手にプレイヤーを評価してくれます。事例②のBさん（P32）などもそうですが、他人からの評価が欲しい人は、ソーシャルゲームやオンラインゲームに時間やお金をつぎ込めば「全国ランキング○位」といった評価を手にすることができます。承認欲求をたくさん充たしたいけれども、楽しいこと・得意なことしかしたくない——現代のコンピュータゲームは、そういう人達を強く誘惑してやみません。

YouTubeやニコニコ動画といった動画投稿サイトも、特に若い女性なら簡単に承認欲求を充たすことができます。ただ若い女性というだけで、どこからともなく男性視聴者が集まってくるので、自分が注目され、評価されている感覚を簡単に得られるのです。SNSでも似たようなことが言え、ちょっときわどい写真を投稿して、思わせぶりな言葉の一つ二つでも書き込めば、男性を簡単に集めることができます。

古典的なところでは、キャバクラやホストクラブなども現役です。お金の問題さえ気にならなければ、普通の人なら顔をしかめるような自慢話にも、接客のプロは耳を傾けてくれますし、おだてたり褒めそやしたりしてくれます。

だから、今、この瞬間の承認欲求を充したしたいだけなら、やりようは幾らでもあるのです。

でも、これらの手段を私はお勧めしません。不登校時代からこのかた、ゲームやインターネットのお世話になりっぱなしの私としては、そういった娯楽の悪口をあまり言いたくないのですが、それでも、ここで挙げた諸々を承認欲求を充たすメインの手段に据えてしまうのは危険です。

まず、これらは代償が大き過ぎます。ゲームにしてもキャバクラにしても、目先の承認欲求と引き換えに時間やお金をどんどん吸い取ってしまいます。成長なんて考えなくて構わない人ならともかく、これから長所やコミュニケーション能力を伸ばしていく年齢の若い人が、時間やお金を使い果たしてしまえば、その人の伸び代は小さくなってしまうでしょう。

ネットで〝火遊び〟をするのも、たいがいにすべきです。インターネットにさらした動画や写真は残りやすく、慌てて消してもどこの誰がデータを保存しているか、わかったものではありません。不特定多数から簡単に注目されるのと引き換えに、さまざまなリスクを招き寄せてしまいます。

持続性を欠いているのも問題です。これらは瞬間的には信じられないほど承認欲求を充たしてくれる代わりに、五年、十年と充たし続けられる可能性が乏しいものばかりです。ソーシャルゲームやオンラインゲームには、ゲームサービスが終了してしまう可能性がついてまわりますし、サービスが終了しなくても、プレイヤー人口が減ってくれば、承認欲求は充たされにくくなってしまいます。ネットに肌をさらして喜んでいる女性達も、そんな方法でチヤホヤされる期間は短く、おばさんになった後には何も残りません。

第1章で触れたように、承認欲求は貯められません。今、この瞬間にどれほど注目されても、五年後や十年後の自分のために〝とっておく〟わけにはいかないのです。そのうえ承認欲求の赴くまま、こうした狭い領域の遊びにばかりのめり込んでいると、身に付くスキルもひどく偏ってしまって、将来を生きていくためのスキルが、ロクに身に付かないまま年を取ってしまうかもしれません。

目先の承認欲求にとらわれるあまり、貴重な時間やお金を際限なく費やしたり、インターネットの危険を平然と冒したりしている人は、今この瞬間はハッピーになれるとしても、後になって後悔する可能性が高くなってしまいます。どんなにたくさん認められても、それが刹那的である限り、幸せな時間は続きません。

長所には消費期限がある

それなら「俺はちゃんと自分の長所を伸ばしている」「私はいつも自己投資をしています」という人達なら、承認欲求を末永く充たせるとみて良いのでしょうか。

先のことを何も考えていない人よりは見込みがありそうですが､必ず大丈夫とは限りません。たとえば、小学生時代に人気者だった男の子や女の子が、同じやり方・同じ長所で中学校でも人気者でいられるものでしょうか？　１００ｍ走が速く、カードゲームが上手だった男の子が、それらを長所としてクラスの人気者でいられる期間は、決して長くないでしょう。小学生として褒められやすい長所をただ伸ばしただけでは、そうした長所の〝消費期限〟が来てしまえば、あとの祭りです。

中学時代以降も、同じような〝消費期限〟の問題がついてまわります。たとえば、若々しい美しさに頼ってきた十～二十代の男女が、三十～四十代になっても同じ方法で承認欲求を充たし続けられるかといったら、そうはいきません。美しさの方向性をもっと大人向きに切り替えたり、年齢相応の長所を育てたりしなければ、魅力的とは言えなくなるでしょう。

ですから、現在進行形で長所を伸ばすのに忙しい人も、今、伸ばそうとしている長所の〝消費期限〟がいつぐらいなのか、ときどき考えてみたほうが良いと思います。そしてもし、自分の長所が十年後～数十年後に通用しなくなりそうなら、今のうちに未来の自分が褒められやすい・評価されやすい長所を開拓し、長所を年齢に即したかたちにアレンジしていくのが望ましいでしょう。

逆に、評価されるような長所がないため、なかなか周囲に褒められない・評価されないと感じている人も、未来永劫ダメなままだとあきらめるのは早合点です。自分自身が得意なもののうちに、もう少し年齢が高くなった時に活きそうなものはありませんか？　もしあるなら、数年先の自分の長所となるよう、今からトレーニングしてみる余地はありませんか？　長所を育てるには時間と労力がかかるものですから、ライバル達に先んじて数年後の年齢や立場を見越して長所を育て始めていれば、後で優位に立つのは自分のほうです。

もし、人間が年を取らず、立場も変わらない生物だったら、こうした問題は考える値打ちの無いものかもしれません。しかし私達は年を取り続け、社会的な立ち位置も否応なく変わり続けていくので、承認欲求を充たしやすい長所にも、年齢に即したアレンジが必要です。

コミュニケーション強者も弱者になる

コミュニケーション能力についても同様に消費期限があります。

ひとことでコミュニケーション能力と言っても、さまざまなものがあります。P49で私は、「【コミュニケーション能力】には、コミュニケーションの出来不出来を左右し、自分自身（や自分と利害を共有する人達）にとってプラスになるような状況をもたらす、すべての要素や能力が含まれます」と書きましたが、そうした要素や能力を細かく考えるなら、挨拶、礼儀作法、手紙やメールの書き方なども、立派なコミュニケーション能力です。さきほど触れた、顔かたちの美醜やファッションに加え、お金持ち、腕っぷしの強さ、教養の豊かさなどといった長所も、コミュニケーション能力に含まれます。

突き詰めて考えると、コミュニケーション能力と長所との境界は曖昧で、そのバリエーションを列挙していくときりがありません。それより、ここで私が強調したいのは、そうしたさまざまなコミュニケーション能力も、長所と同様、年齢が上がるにつれて求められるものが変化していく、ということです。

たとえば小学生の男子などは、よほどの進学校でもない限り、コミュニケーション能力のうち、腕っぷしの強さや顔かたちの美醜の占めるウエイトは大きいでしょう。それらを持ち合わせていない男子にとって、それらは今すぐに欲しいコミュニケーション能力です。

ところが同じ男子でも、高校や大学に進学するにつれて、コミュニケーション能力に占める腕っぷしの強さや顔かたちの美醜の重要性は、だんだん低下していきます。それらの値打ちがゼロになってしまうことはありませんが、ただそれだけで異性や同性を惹きつけることはできません。思春期の中盤以降は、世間でよく言われるところの〝コミュ力〟（空気を読んだり操ったり、他人の気持ちを推測して行動する能力）の重要性が跳ね上がります。

そして社会人になると、挨拶や礼儀作法も重要になり、それらがまともにできていない人は、コミュニケーション場面で今まで以上に減点を食らってしまいます。きちんとした挨拶や礼儀作法は、子ども時代のコミュニケーションにはそれほど重要ではありませんが、社会人同士のコミュニケーションではかなり重要です。

こんな具合に、コミュニケーションの加点・減点の対象になる要素は、年を追うごとに変わっていきます。コミュニケーションに適したファッションにしても、十代のファッションの最適解と三十代のそれはかなり違います。年齢や社会的立ち位置、自分自身の体形の変化に合わせてアレンジし続けなければ、「中学生のような見栄えのおじさん・おばさん」になってしまいかねません。

ですから、「今、私はコミュニケーション強者だ」と思っている人も油断していてはいけません。今日の強者は明日の弱者かもしれないのです。自分自身も周囲もそれぞれ年を取り、立場もコミュニケーションの決まりごとも変わっていくのですから、コミュニケーションの注意点や最適解も、それに合わせて変えていくべきです。今がうまくいっているからといって何も変わらないままでいようとしている人は、いつの間にかコミュニケーションが下手になってしまって、今までどおりには承認欲求を充たせなくなってしまうかもしれません。

反対に、「今、私はコミュニケーション弱者だ」と嘆いている人も、本当に未来を悲観するしかないのか、今一度考えてみてください。コミュニケーション能力のうち、学生の頃はちっとも評価されなかった部分が、社会人の世界では重宝されることは十分にあり得ます。たとえば、礼儀作法を使いこなせ、きちんとした言葉で伝えたいことを正確に伝える能力などは、学生時代にはあまりありがたみが感じられないかもしれませんが、社会人になる頃には、公私共に非常に重要になります。今は承認欲求が充たされなくて辛くても、そういった将来に役立ちそうなコミュニケーション能力を、トレーニングしていく余地はあるはずです。

コミュニケーション能力については第5章で詳しく解説しますが、私は、「空気を読んだり操ったりする」「他人の気持ちを推測して行動する」といった〝コミュ力〟に苦手意識を持っている人こそ、社会人になった後を見越して、それ以外の要素を磨いておいたほうが良い、と思います。もちろん、そうしたところで常に成長し続けるコミュニケーションの天才には敵わないかもしれませんが、学生時代にコミュニケーションに長けていた人達すべてが成長し続けるわけではないので、成り上がるチャンスは常にあり、そのために準備できることもたくさんあるはずです。

承認欲求の達人とは？

ここまで、長所とコミュニケーション能力について書いてきましたが、それらに恵まれた人も避けて通れず、気を付けなければならないことがあります。それは、「褒めてもらいたがっているのは自分だけではない」「誰かに褒めてもらったら、できれば同じぐらい相手のことも褒めたほうが良い」という点です。

本書のはじめに書いたように、承認欲求はほとんどの人にあるものです。あなたが褒められて嬉しくなるということは、あなたを褒めてくれる人・褒めてくれる可能性のある人だって、誰かに褒められたいと思っているということです。だから、どれほど長所に恵まれ、どれほどコミュニケーションに長けた人でも、自分だけが褒められたい・承認欲求を充したいと思ってばかりでは、「自分の承認欲求しか意識していない人」（Ｐ38）になってしまいます。

学校でも職場でも、一方だけがひたすら褒められ、もう一方がひたすら褒めている人間関係が続けば、褒めてばかりで褒められることの少ない人は、面白くないと感じ始めるものです。極端に長所の多い人が、極端に長所の少ない人と対等な友人関係を結びにくい一因は、このためでもあります。承認欲求が一方通行な人間関係よりも、お互いに褒めたり褒められたりできる関係のほうが、なにかとうまくいくのは世の常です。

ですから、長所やコミュニケーション能力に恵まれている人でも、本当にうまくやっている人達は「褒めたり評価したりしてくれる人に、きちんと〝お返し〟をする」能力にも長けていることがほとんどです。自分だけが褒められたり評価されたりするような状況を、彼らはなるべく避けようとします。

参考までに、私の身の回りで見かける、褒めるのも褒められるのも上手な人物の一例を挙げてみます。

事例 ③ 褒められ上手なCさん（48歳・女性）

Cさんは二児の母にして看護師。化粧や服装で頑張って若くみせようとするタイプではなく、いわゆる「おばさん」として振る舞っています。当人はそれを悪いとは思っておらず、むしろ「おばさんキャラ」を活かしているようなふしがあります。

Cさんはコミュニケーションが上手で、普通なら相手にNOと言われてしまいそうなお願いでも、YESと言わせてしまいます。威張ったり無理強いしたりしているわけではないのに、初めて行くお店や初対面の相手からも、不思議と良い応対を引き出してしまう確率が高いのです。さりとて調子に乗るでもなく、日頃はどことなく謙虚で、何かを断られてもあっさりしたものです。

「ありがとう」を欠かさない人でもあります。家庭の都合で仕事を休まざるを得なかった時も巧みで、制度的に休暇が保証されているとはいっても、周囲へのお礼やフォローを忘れません。人から褒められやすく評価される機会も多いCさんですが、よくよくみていると、人を褒めること・評価することも同じぐらい多いのがみてとれます。職場のムードメーカーとして信頼を勝ち得ているのも、そうした〝持ちつ持たれつ〟を大切にしているからこそでしょう。

私の目から見ると、Cさんに限らず、四十～五十代の男女には「この人は承認欲求の充たし方がベテランだなぁ」と惚れ惚れするような人がゴロゴロいます。挨拶や礼儀作法はもとより、会話を横で聞いていても、表情や言葉の選び方に長年の経験の積み重ねがみてとれ、人間とはこれほど熟練し、成長するものなのかと感じ入ってしまいます。若い人には気づきにくいところかもしれませんが、年齢を重ねてもしっかり評価され続けている人の、褒めたり褒められたりのバランス感覚とコミュニケーション能力の高さは、おいそれと真似できるものではありません。

なにより、こうした「承認欲求のベテラン」達は、周囲の人を褒めたり、肩を持ったりするのがうまいのです。褒められて素直に喜ぶだけでなく、たいてい謙虚で、どちらにせよ自分だけが承認欲求を〝独占〟するような状況は決してつくりません。褒められ上手は〝お返し〟をするのも抜群にうまく、もちろん、お世辞ばかり言うような人間とみられることもありません。

褒められまくる超人はほんの一握り

一見〝普通のおばさん〟であるCさんみたいな人の凄さに、私が気づいたのは、三十代の半ばになってからのことでした。思春期の頃の私は、承認欲求をいっぱい充たせる人、褒めることよりも褒められることの多い人――言い換えると、「褒められる量－褒める量」の収支が大きい人――ほど凄い人だと思っていたのでした。

しかし現実の人間関係のなかで、褒められる量が褒める量よりも多い状態を持続できる人とは、どれぐらいいるものでしょう？ 仮に、そのような〝褒められ収支〟の大きな状態を実現したとして、そんな一方通行の人間関係がいつまで持続可能でしょうか？

現在の私には、それが疑問に思えるのです。褒められて嬉しいという気持ちが大切としても、自分ばかりが褒められるような状況で、あなたの友達、同僚、パートナーが、同じように充たされた気持ちになれるとは信じられません。

承認欲求を抱えているのは自分ひとりではない以上、自分だけではなく、周りにいる人達も承認欲求が充たされるような、いわば認め合いのエコサイクルを成立させるほうが、結果として幸福な状態を維持しやすいはずです。

もちろん世の中は不公平にできているので、なかにはどうしたって褒められる機会の多い人、そういった機会に恵まれ目立ってしまう人が稀にいるものです。ものすごく自己中心的だけど、人を引き付けてやまない規格外な能力を持っている人には、桁外れな注目や賞賛が集まり続けることもあり得ます。ですが、それらは例外であって一般的ではありません。

思春期真っ盛りの人や、思春期的な心意気を抱えたままの人は、そういった規格外な能力に憧れ、それをすぐにでも手に入れたいかもしれませんが、現実に立ち返るなら、そのような無理筋を狙って実現できる人は滅多にいないはずです。なぜならそうした能力を持った人達も、よくよく眺めてみれば、相応の下積み期間を経て、才能をしっかり育てた結果として、ステータスを獲得した人がほとんどだからです。

私は、承認欲求を〝独り勝ち〟的に充たせる状況を夢見るのは、危なっかしいと思っています。それで幸せになれる人はほんの一握りで、その幸せを長く続けられる人は、さらにほんの一握りです。それより、自分が褒められるだけでなく、周りの人も褒められる、お互いに認め合えるような人間関係を目標にしたほうが、幸せにたどり着きやすく、人間関係も続けやすいはずです。私には、街でまずまず幸せそうに暮らしている人達の大半は、自分ばかりが褒められたがる人ではなく、周囲の人達と認め合える関係をつくりあげている人にみえるのです。

第3章

所属欲求

幸せの鍵は承認欲求だけではない

スキルを身に付けるためのモチベーションを保つにも、健全なメンタルヘルスを保つにも、承認欲求を充たしやすいか否かが重要なのは間違いありません。ただ、その際に自分ばかりが褒められる状況を追求するよりは、身近に暮らしている人・付き合いのある人と、承認欲求を充たし合える人間関係を目指したほうが、見込みがあるのではないかと私は思います。

「お互いに承認欲求を充たし合う」と言っても、おべっかを使いなさいと言いたいわけではありません。もちろん、相手の気分を損ねないような礼儀作法は、コミュニケーション能力の一環として身に付けておいたほうが良いものですが、お世辞やおべっかばかりでは、じきに見抜かれてしまいます。褒めたり評価したりしたくなる本物の気持ちがどこかになければ、お互いを認め合える人間関係は、長続きしないように思えるのです。

ということは、承認欲求を充たし合うような人間関係をつくりあげていく際には、お互いに敬意を払いたくなる気持ちや、惚れこむような気持ちがあったほうが、うまくいくのではないでしょうか。それか、お互いを仲間同士とみなし、一人前扱いするような意識が必要でしょう。

ここで思い出していただきたいのは、「はじめに」で触れた、「認められたい」のもうひとつの要素、所属欲求です。

所属欲求は、「認められたい」のうち、「仲間とみなされたい」「誇れるような組織やグループに属していたい」気持ちなどが該当します（P9）。

こういった気持ちが湧いてくるためには、まず、自分自身がその相手に「無視されたくない・仲間と思ってもらいたい」といった具合に、ある程度以上の好意や敬意を抱いていることが前提条件として必要です。都会ですれ違うような、全く見ず知らずの相手に無視されたって、なんにも心は痛まないわけですから。

つまり所属欲求には、自分以外の人や集団に心を寄せる気持ちや、敬意を払いたい気持ちが必ず含まれています。誰のことも好きにならず、どこの集団にもリスペクトや理想を感じないようでは、所属欲求は成立しません。そういう人でも承認欲求なら持ち得ますが、誰かを好きになったり憧れたりしなければ、所属欲求の持ちようは無いのです。

そして所属欲求には、「**自分自身が褒められたり評価されたりしなくても、心を寄せている家族や仲間や集団が望ましい状態なら、それだけでも自分自身の気持ちが充たされ、心強くなる**」という特徴があります。所属欲求のこうした特徴は、子どもの健やかな姿をみているだけで幸せになる親の気持ちや、ひいきの野球チームやサッカークラブの活躍に喜びを感じるファンの気持ちなどに、はっきりと現れているものです。

昔の日本は所属欲求で回っていた

「でも自分には承認欲求しかない。仲間意識なんて持てない」とおっしゃる方もいるかもしれません。

そういう人がいてもおかしくはありません。地域社会や企業の人間関係が希薄になり、家族も別々のスケジュールで過ごしがちになった日本社会では、誰かと仲間意識を持つ機会の乏しいまま育った人や、長いこと一人で生活しているうちに自分自身にしか関心が持てなくなってしまった人は、そう珍しくありません。

ですが歴史を振り返ってみる限り、人間がここまで自分自身の評価ばかりに関心を持つようになり、所属欲求を忘れがちになったのは、比較的最近のことで、それまでは所属欲求が承認欲求以上に重要でした。

所属欲求の起源は古いものです。トーテムポールを囲んだアメリカ先住民のお祭りなどが典型的ですが、皆で一緒に歌ったり踊ったりすることで仲間意識を高めあうような行事は、太古の昔からありました。日常生活のなかにも、仕事中に皆が同じ歌を歌い、仲間意識によって仕事の辛さを紛らわせるような習慣が、最近まで日本全国のあちこちに残っていました。草津温泉の湯もみ歌や、各地の田植え歌などはその典型と言えるでしょう。

そもそも、そうやって心を寄せ合い、仕事も家事も子育ても協同しなければ生き抜くことさえ難しい状況が、人類史の大半にわたって続いてきたのです。

歴史の教科書でお馴染みの封建制度や村社会も、そうした仲間意識や所属意識を持ち合って生き抜かなければならない状況で成立したものでした。今では当たり前になっている「個人」(individual)という意識も、たかだか数百年ほど前に西洋で形づくられ、輸入された意識でしかなく、それ以前は、自分自身にこだわり、もっぱら個人として評価されたがる人は少数の例外でした。

こうした傾向は、民主化が進められた昭和二十年以降もまだまだ残っていて、高度経済成長期の日本企業や地域社会がまとまりを保てたのも、所属欲求によるところが大きかったのでした。また、残業が長くても企業戦士達がうつ病にならず、〝24時間戦えた〟のは、当時、承認欲求よりも所属欲求がまだ優勢で、会社への所属意識や同僚との仲間意識によって、心理的に充たされやすかったからでもありました。所属欲求をモチベーションにできる人なら、会社のなかで自分自身が注目されていなくても、会社全体が評価され、そこに自分自身が所属している手応えがあれば、心理的には救われ得たのです。

もちろん、所属欲求の優勢な社会が、良いことずくめだったわけではありません。所属する集団を好きになれれば幸せですが、好きになれない集団に所属してしまったとしても、なかなか他に乗り換えられない社会でした。また、誰もが集団の団結や調和が一番大事だと意識していたせいで、出る杭は打たれやすく、個人単位で承認欲求を充たすような〝スタンドプレー〟にも慎重にならざるを得ませんでした。個人が自由に生きる、という点では非常に窮屈な時代です。

21世紀を迎えた今でも、そうした痕跡はあちこちに残っています。そのある部分は、空気の読み合いに気を遣って、ストレスを募らせるような人間関係であり、別のある部分は、匿名の投稿者同士がひとつの話題を共有し、空気をつくりあげている2ちゃんねるや、ニコニコ動画の動画コメントなどに見受けられます。

ちなみに私達の使っている日本語という言語も、個人単位で承認欲求を充たすことに最適なつくりではありません。日本語では主語が省略されやすく、意識して主語をつけない限り、誰が主語に含まれるのか曖昧なまま会話が進行していきます。あたかも、個人単位で承認欲求を充たすよりも、集団単位で所属欲求を充たすことを前提にした言語のようです。

言語という、社会や文化の根幹に関わるツールからしてこうなのですから、これまではずっと所属欲求こそが「認められたい」の主な要素で、承認欲求は脇役的要素に過ぎなかったのだと考えられます。

個人主義と承認欲求、その行き着いた果てに

民主主義や個人主義がスタンダードになっていくにつれて、それまでの所属欲求をベースにした社会の習慣は薄まっていき、承認欲求をベースにした新しい習慣が広まっていきました。

1980年代には、会社に所属しない〝フリーター〟がブームを迎えました。現在では珍しくもないものですが、当時はトレンドに敏感な若者に注目されたワークスタイルでした。それまで生涯雇用が当たり前だったにもかかわらず、彼らが会社に所属するのを拒めた一因は、折からのバブル景気で経済的にゆとりがあったせいもあるでしょう。ともあれ、皆とひとまとまりになって何かを成そうとするような会社人間は減り始め、一個人として評価や報酬を手に入れたい働き手が増え始めたのです。

カタカナ職業やマスコミ業界に、若者が殺到した時代でもあります。平凡なサラリーマンでいたくない、他人から注目される特別な職業に就きたい――サブカルチャー系のファッション雑誌や、トレンディドラマが人気を博していくのと時を同じくして〝特別な自分でありたい〟欲求も日本全国へと広がり、自分自身を特別だと思い込むための、承認欲求をくすぐる商品が飛ぶように売れました。DCブランド、高級グルメ、スポーツカー、ウォークマン、といった品々はその代表格と言えるでしょう。

若者の財布の紐がかたくなった現在でも、こうした〝特別な自分でありたい〟欲求は生き残り続け、それは新型iPhoneを手に入れて自慢する人や、華やかなスナップショットをInstagramで見せびらかしたがる人のうちに、はっきりと確認することができます。

では、承認欲求の最前線に飛び出た当時の若者達は、幸せにたどり着いたのでしょうか。私は世代的にその渦中にありましたが、同世代の現状をみる限り、あまりうまくいかなかったようにみえます。もちろん彼らの思春期にはバブル景気の崩壊が起こり、就職氷河期が重なった不運もありました。しかしそれらを差し引いても、褒められたい・評価されたい気持ちを一心不乱に追いかけてきた元・若者の現状は、所属欲求が幅を利かせていた時代と比較しても、幸福とは言いにくいものがあります。

ある者は名声やカタカナ職業を求めて社会を転々とし、〝特別な自分〟として承認欲求を充たせないまま、いたずらに年を取っていきました。第2章で触れたとおり、自分だけが褒められ続ける状況をつくりだせるのは、ごく一握りの超人だけです。だというのに、その狭き門にたくさんの若者が殺到すれば、たくさんの脱落者が出るのは仕方のないことです。

またある者は、自分の結婚相手として見栄えも気立ても良い女性、年収の高い男性ばかりを追いかけて婚期を逃しました。そのようなハイスペックな異性しか受け付けない心理は、「自分にはそれだけ値打ちがあって、異性に高く評価されて然るべき」という強い承認欲求に根差したものでしたが、これまた競争率の高い目標設定だったと言わざるを得ません。

そもそも承認欲求ばかりがモチベーションになっている結婚観とは、専ら自分が愛されたい、モテたいがためのものであって、パートナーを愛し、幸せにするためのものではなかったのでした。統計上、承認欲求が世間で強まっていった時期と若年離婚率が高くなっていった時期がだいたい重なっているのは、ただの偶然とは思えません。

私は、承認欲求が時代のトレンドとなり、褒められたい気持ちを抑え込まずに生きられるようになったのは良かったと思いますし、かつてのような、所属欲求が優勢で、しがらみに束縛されていた時代が望ましいとは思っていません。

ただし、こうした「承認欲求で失敗した人達」の後ろ姿もたくさん見てきた身としては、承認欲求ばかりで所属欲求が欠落した「認められたい」は、人を幸せにできないのではないか、と思わずにいられないのです。

「普通に暮らしている人達」をお手本にする

一方、そこまでトレンドに敏感ではない若者達は、優勢になっていった承認欲求の時代にある程度は乗りながらも、仲間意識や家族意識といった所属欲求を、捨てることなく生きてきたのでした。

片田舎で暮らしている私の周辺の人々を見渡すと、おおむね幸せそうに暮らしている人達の大半は、そのような承認欲求と所属欲求のハイブリッドと呼べそうな人達で占められています。彼らとて、自分自身が褒められたい・評価されたい気持ちを持っていないわけではありませんが、それがあらゆる場面でモチベーションになっているわけではなく、家族や友人との関係をメンテナンスする手間暇も惜しまず、自分以外の人間や集団に心を寄せることも、モチベーションの源としながら生きています。

次に紹介する事例④のDさんのような人は、まずまず幸福に暮らしているサラリーマンの一類型として、それほど珍しいものではありません。

事例4　集団に溶け込むのがうまいDさん（43歳・男性）

Dさんは会社員。人前で目立つ場面はあまり得意ではありませんが、学生時代の部活動でも、友人仲間との付き合いでも、就職後の職場でも、一定の存在感を保ち続け、いろいろな人から頼りにされてきました。

二十代後半に結婚し、子どもをもうけてからのDさんは子煩悩な父親となり、子どもの運動会の時には、カメラを片手に撮影に余念がありません。かといって家庭一辺倒というわけでもなく、いわゆる〝会社のお付き合い〟にもそれなりに出席し、そこでもあまりストレスを感じず、楽しんでいるふしがあります。

Dさんには目立たないけれども、重要な強みがあります。さまざまな集団にいち早く溶け込みながらも、ただこき使われるだけの地位に甘んじるでもなく、自然と一定のポジションを確保してしまう点です。決して自己主張の強い人ではないのですが、いつの間にか集団のなかに自分の居場所や役割をつくりあげ、それを愛し、溶け込むのがうまいのです。

Dさんのような、人間関係を重視し、そこで所属欲求も充たしている成人は、今の日本社会にもかなりいます。自分がポジションを確保できるような集団をなんとなく見つけ、上手に溶け込めるのは、これもこれでひとつの強み、立派な処世術です。このような処世術を目の当たりにしていると、私は「人前で目立つばかりが能じゃない」ことを、まざまざと見せつけられたような気持ちになります。たくさんの人間が寄り集まる集団には、このような〝一歩下がった〟ところで活躍するタイプの人物も必要です。

承認欲求しか眼中にない人は、自分が褒められたり評価されたりしない限り心理的に充たされず、努力を重ねるためのモチベーションもそこにしか見出せません。さきほど触れた、特別な職業に殺到し、脱落していった元・若者なども、モチベーションを見出せる対象が狭かったために、うまくいかなかったのでしょう。しかし、所属欲求経由でも心理的に充たされる術を持っている人なら、自分が褒められていない状況であっても、モチベーションを維持できる見込みがあります。

実のところ、世間でそこそこ満足に暮らしている人のうちの大多数は、所属欲求もモチベーション源にしながら暮らしているのではないでしょうか。「認められたい」が充たされる手段が一種類しかないよりは二種類あったほうが、飢えにくいのは言うまでもありません。

承認欲求と所属欲求が噛み合って世の中は回っている

もし、社会のすべての人間が自分自身が褒められること・評価されることでしか心理的に充たされなくなったら、一体どうなってしまうでしょうか。

たとえば、所属欲求が欠如した、承認欲求しか持たない夫婦がいるとしたら、夫婦の結びつきはきわめて弱いものにしかならないでしょう。お互いがお互いの承認欲求をくすぐっているうちや、経済的メリットが強いうちは関係が続きますが、そうでなくなれば簡単に離婚してしまいます。

会社の人間関係も同様で、利害関係や契約に基づいたドライなものにしかならず、チームワークは弱くなってしまいます。承認欲求を充たすことだけを突き詰めていくと、他人とは、自分が褒められたり評価されたりするための、手段や道具にしかなりません。ドライな人間関係のおかげでしがらみは少ないでしょうけれど、困った時に助け合う仲など望みようがなく、私生活でも、信頼できる人間関係には恵まれないでしょう。

こうした「味方の誰ひとりいない社会」「誰もが独りで、自分の承認欲求のためなら家族も友人も容赦なく利用してしまう社会」は、部分的に成立し始めているのかもしれません。親が、自分自身の承認欲求を充たす手段として、子どもを一流大学や一流企業に入れたがるような子育ては一昔前からおなじみですし、そのような子育てを強行した結果、子どものメンタルヘルスに問題が生じてしまう症例も、精神科では定番になっています。

心理学や精神医学では、人間の健全な発達には、幼少期に親から愛される体験が重要だといわれますが、親の承認欲求を充たすための操り人形として利用されっぱなしの子どもには、それは望むべくもありません。親が自分自身の承認欲求ばかり追求していては、親子の繋がり、特にそれが重要視される幼少期における繋がりは、子どもにとって望ましいものとはならないでしょう。

所属欲求には、「自分自身が褒められたり評価されたりしなくても、心を寄せている家族や仲間や集団が望ましい状態なら、それだけでも自分自身の気持ちが充たされ、心強くなる」(P69)という性質があります。ほとんどの人間関係が承認欲求だけで成り立っているのではなく、こうした所属欲求も含んでいるからこそ、人間は家族や集団をつくり、お互いを信頼したり敬意を払ったりしながら、長く付き合っていられるのではないでしょうか。

さきに挙げた、集団に溶け込むのがうまいDさんは、自分自身の承認欲求一辺倒な人ではなく、他人に心を寄せて仲間意識を持つのもうまい人でした。こうした人を眺めていると、承認欲求と所属欲求のバランスが取れている人のほうが、自分自身も周囲の人間も幸せにしやすいと思わずにいられません。

今日の社会では、大抵の人が所属欲求よりも、自分自身の承認欲求を優先させています。しかし承認欲求ばかりでは、家族も、学校も、企業も、とても居心地の悪いものになってしまいます。なかには「自分だけが褒められればそれで良い」と考える人もいるかもしれませんが、そのような気持ちだけに基づいて人間関係をつくろうとするとギクシャクしやすく、結果的に承認欲求のほうも充たしにくくなってしまいます。

所属欲求もスキルアップのモチベーションにできる

もうひとつ、所属欲求には無視できない性質があります。それは、所属欲求もスキルアップのためのモチベーション源となる点です。

第1章で私は、「何かを学びたい・身に付けたいと思った時、承認欲求を充たせるか否かはとても重要」（P22）と書きました。人間は褒められたり評価されたりすると心理的に充たされ、それがモチベーション源になって、ますます得意なスキルを磨いていく……というわけです。ただしこれは承認欲求だけにみられる特徴ではなく、所属欲求もまたそれと違ったかたちで人間のモチベーションの源になり、スキルアップを後押ししてくれるのです。

たとえば、部活動や趣味サークルに喜んで参加している人のなかには、他のメンバーを好敵手として、先輩やリーダーを良きお手本として、どんどん腕を磨いていく人がいます。このタイプの人は、自分自身が評価されたいという承認欲求だけに基づいて頑張っているのではなく、自分が所属している集団をリスペクトし、仲間達と同じようにできるようになりたい・メンバーの一員として恥ずかしくない力を身に付けたい・憧れの先輩達に追いつきたい……といったモチベーションにも引っ張られて、頑張っているわけです。

これは受験勉強などにも言えることで、自分一人では勉強のモチベーションがなかなか続かないけれども、他の生徒に仲間意識やライバル意識を持てれば、勉強についていけるタイプの人は案外います。このような人の場合、勉強が捗るかどうかの鍵を握っているのは、自分自身が認められたいかどうかよりも、良い仲間やライバルを持てるか否かにかかっています。

特定の流派や、お茶の世界でいう家元で修業している生徒さんにも、似たことが当てはまるかもしれません。自分が弟子として師匠をリスペクトしているという自覚や、師匠の家元で修業できているのはありがたいという気持ちが強ければ、何事につけ熱心に学ぶことができるでしょう。

その際、こうした師匠の側も承認欲求を持った一人の人間ですから、自分をリスペクトしたり慕ったりしている生徒さんと、全くそうした気配の感じられない生徒さんでは、教えるときの力の入れ具合も微妙に違ってきます。ほとんどの場合、所属欲求を差し向けている生徒のほうが、そうでない生徒よりも師匠の承認欲求をくすぐるので、〝かわいがられる〟というメリットを得やすいのです。

反対に、自分が先輩や上司、親になった時にも、所属欲求がモノを言うことがあります。後輩や部下の面倒を熱心にみているうちに、意外なほど自分自身のスキルアップに繋がったり、彼らの成長がまるで自分自身の成長のように喜ばしく感じられたり……といった経験のある人は決して少なくないはずです。子育てを体験した人は、特にそのような感覚をお持ちでしょう。この、他人を世話することで得られるスキルアップや満足は、承認欲求だけに駆り立てられ、自分自身のスキルアップしか見えていない人には気づきにくいものですが、後輩や部下や子どもに心を寄せ、熱意をもって付き合っている人には、しばしば体感されるものです。

所属欲求が低レベルなのはこんな人

第1章で私は、承認欲求のレベルが低い人（P38）を紹介しましたが、所属欲求にも、その欲求の取扱いに慣れていない、いわばレベルが低い人が存在します。そのような人は、所属欲求をモチベーション源にしようにも、なかなかうまくいきません。

ここでは、所属欲求が低レベルな人にありがちなタイプを挙げてみましょう。

① 自分の承認欲求しか意識していない人

現代社会で一番よく見かけ、最もわかりやすい「所属欲求のレベルが低い人」は、自分の承認欲求しか意識していない人です。

第1章を覚えている人のなかには、「これって承認欲求のレベルが低い人と同じじゃないの？」と首を傾げる人がいるかもしれません。そのとおりです。

でも、自分の承認欲求しか意識していない人は、99％、所属欲求の取扱いもうまくありません。

誰かをリスペクトしたり仲間意識を持ったりするのが下手で、そういった人間関係からぜんぜんモチベーションが獲得できない人は、だからこそ承認欲求をモチベーションの源にせざるを得ません。彼らは所属欲求経由ではモチベーションの充たしようがないため、自分自身が褒められたり評価されたりするしか選択肢がないのです。自分自身の承認欲求にとらわれ、いつも褒められたくて飢えている人を見かけたら、その人は所属欲求も充たしにくい人と思っておいて間違いありません。

② 「ひとりが一番」な人

①の人が、承認欲求を充たすのまで諦めてしまうと、「ひとりが一番」となります。他人と

関わっても承認欲求も所属欲求も充たせない状況が長く続くと、だんだん他人と関わるのが嫌になりますから、一人でいたがるのは、さほど不思議ではありません。

ただ、他人との関わりを避けて生きていると、第1章で紹介した「⑥怖いから何もしない人」（P42）と同じ問題に直面せざるを得ません。自分自身の「認められたい」気持ちを封印したまま生きている限り、承認欲求も所属欲求もレベルは低いままです。モチベーションも得られないので、スキルを磨く機会も減ってしまいます。

「ひとりが一番」な人は、誰かに認めてもらえないために失望してしまうリスクは最小化できますが、人生の彩りや選択肢も減らざるを得ません。

③「我々はかくあるべし」と思い込む人

承認欲求が強すぎる人（P39）がいるのと同じように、所属欲求が強すぎる人もいます。たとえば特定のグループへの仲間意識や組織への忠誠心が強すぎる人。彼らはそうやって所属欲求をたくさん充たしている反面、「我々はかくあるべし」というこだわりも強く、そうしたこだわりと相いれない行動を取る人には、厳しい態度を取ります。このような人物でも、器の大きなリーダーに率いられている場合には、グループの団結や組織の引き締めに貢献することがありますが、自らがリーダーとなり場を仕切り始めると、意に沿わない人間を追放したり、グループ内の内ゲバに奔走したり、なかなか厄介です。

昭和以前の、まだ承認欲求が優勢ではなかった頃は、現在よりもたくさんの人が所属欲求を介して「認められたい」を充たしていました。とはいえ、誰もが先述したDさんのような〝波風立てずに〟所属欲求を充たせる人だったわけではなく、自分の思い通りに所属欲求を充たせなければ気が済まない人も交じっていましたから、グループや組織の決まりごとは過度に厳しくなりがちでした。

④ 完璧な人間を追いかけている人

グループや組織に対して、強く所属欲求を求める人は③のようになりますが、先生や師匠といった個人にリスペクトを求め過ぎて、うまくいかない人もいます。

他人をリスペクトし慣れていない人は、リスペクトの対象の欠点や失敗が目についてしまうと不満やストレスを感じやすく、所属欲求を充たせなくなりがちです。このような人でも所属欲求を充たし続けるためには、気に入らないところが目に映らない、理想の権化のような対象でなければなりません。

そうした理想の追求が、スター選手やアイドルの追っかけといったかたちをとるぶんには、まだしも実害は少ないのかもしれません。ですが、欠点の目につかない理想の権化を追いかけるうちに、カルトなリーダーや詐欺師めいた指導者に、惚れこんでしまう人も少なくありません。

そういった場合、なかなか所属欲求を充たせなかったところに、ようやく高い理想をクリアした人物に巡り会えたと思い込んで喜んでいるので、端から見てどんなに怪しげなリーダーや指導者でも、本人はお構いなしです。その結果、ブラックな労働環境で働かされたり、お金をむしり取られたりすることさえあります。

⑤ いつも減点法の人

他人や集団に手厳しい批判ばかりしているのも、所属欲求が低レベルな兆候のひとつです。たいてい批判から入る人・減点法で評価する人とは、裏を返せば、採点対象に求める理想が高く、なかなか合格点をつけられない人にほかなりません。そのぶん、他人に仲間意識やリスペクトを感じたり、互いに所属欲求を充たし合える関係を成立させたりするチャンスは、少なくなってしまいます。

しかも「あれも駄目、これも気に入らない」といった調子の人は、他人から好かれにくいため、所属欲求だけでなく、承認欲求も充たせません。たとえ頭脳明晰で批判がたびたび的を射ている人でも、顔を合わせるたび誰かの不満やお小言を口にしていては、人望も集まりません。その結果、「認められたい」がなかなか充たされず、モチベーションも獲得できません。

①〜⑤をワンフレーズに要約すると、「所属欲求のレベルが低い人＝対象に対する要求水準

が高い人・他人に厳しい人」となるでしょうか。

ここで挙げた五つの特徴に複数当てはまる人は、誰かに仲間意識を持ったりリスペクトしたりするのが難しく、そのせいで所属欲求をなかなか充たせません。それだけでなく、ここで挙げたように、承認欲求を充たしにくい特徴を兼ね備えていることも多かったりします。

そして承認欲求と同様、所属欲求も「貯め」のきくものではないので、強すぎる仲間意識やリスペクトを求めては幻滅や失望を繰り返し、人間関係が長続きしない人は、所属欲求に飢えてしまいます。

日頃、「認められたい」に飢えていると感じている人は、承認欲求だけでなく所属欲求についても、レベルが低いかどうか振り返ってみたほうが良いかもしれません。

目指すべきは「身近な人を大切にすること」

このように、他人に心を寄せたい・仲間意識を持ちたいといった所属欲求側の「認められたい」も、現代社会を生きていくうえでまだまだ重要です。なにかと承認欲求が注目されやすい今日この頃ですが、他人や集団に心を寄せたりリスペクトしたりするのが下手だと損をしやすく、ひいては承認欲求も充たせない、ということです。

私達のこころも、社会の仕組みも、承認欲求／所属欲求それぞれに深く根ざしたかたちでできあがっているのですから、どちらか一方だけでうまく人生を渡っていこうとするのは、かなり難しいと私は思います。二つの「認められたい」のうち一方だけに頼るのは、たとえるなら、利き腕だけで戦おうとするボクサーと同じぐらい、無理があるのではないでしょうか。

私は、承認欲求と所属欲求に優劣はなく、どちらも同じくらい重要だと思っています。そして褒められ上手なCさんや、集団に溶け込むのがうまいDさんのような人達が示しているように、本当に世渡りが上手な人は、お互いに承認欲求や所属欲求を充たし合える関係を築き、そうした人間関係のなかに幸福や満足を見出しているわけです。ただの看護師、ただのサラリーマンだからといって、CさんやDさんの幸福が、スーパースターの幸福に劣っているとは、私にはどうしても思えません。

つつましく暮らしながら幸福を感じている人々は、超人的に承認欲求を充たしているわけでも、要求水準の高い所属欲求を充たしているわけでもありません。むしろ、人並みで日常的な承認欲求と所属欲求をよりどころにできるからこそ、彼らは真に幸福になりやすく、満足もしやすく、それらをモチベーション源としてスキルも身に付けられるのです。

だからもし、あなたが「認められたい」を充たしてハッピーになりたいなら、要求水準の高い「認められたい」を充たそうとする方向に、努力を重ねるべきではありません。それは、承認欲求／所属欲求のレベルが低い人にありがちな発想です。

そうではなく、身近な人間関係のなかで〝人並みサイズ〟の「認められたい」で充たされるような方向に努力を重ねたほうが飢えにくく、承認欲求と所属欲求をモチベーション源として活かしやすいように思えるのです。

ここまで読んで、「だけど私は人一倍褒められないと満足できない」「偉大なリーダーでなければリスペクトなんて払えない」と気づき、自分自身の「認められたい」のレベルの低さ加減にがっかりしてしまった人もいらっしゃるでしょう。でも、あきらめるのはまだ早いです。続く第4章では、どうやったらCさんやDさんのような心持ちに近づけるのか、つまり、低レベルな「認められたい」から高レベルな「認められたい」にどうやって変わっていけるのか、その方法を解説します。

第4章

承認欲求／所属欲求のレベルアップ

「認められたい」はレベルアップする

第1章から第3章にかけて、他人から褒められたい欲求（承認欲求）と、他人や集団に心を寄せたり仲間意識を持ったりしたい欲求（所属欲求）について、プラス面とマイナス面を解説しました。これら二つの「認められたい」を活かし、成長や人間関係に役立てている人がいる反面、欲求をなかなか充たせず、モチベーション源としても活用できずに困っている人もいる様子が、ご理解いただけたと思います。

本書をここまでお読みになって、「承認欲求や所属欲求をうまく活かせる人と、そうでない人では、人生の難易度も幸福感も断然違ってくるんじゃないか」とお感じになった人もいるでしょう。

そのとおりで、私の周囲をみる限り、他人に褒められたり評価されたりするのが上手な人や、集団や他人に仲間意識を持つのが巧みな人は、たいてい世渡り上手で、人間関係にもそつがありません。反対に、それらが苦手な人は、どこか不満そうな表情を浮かべ、人間関係にも苦労が多く、バランスの良いスキルアップに失敗している印象があります。極端な才能や運に恵まれ、そのうえ努力を重ねて、不特定多数から注目されるようになる人もいますが、そのような人でさえ、要求水準の高い「認められたい」を充たし続けるには、人並み外れた努力を続けなければならず、それがトラブルの原因になってしまうさまもしばしば見かけます。

ですから、承認欲求にしても所属欲求にしても、ただ充たせばそれで良しというわけではなく、欲求を充たすほど幸せになれる、というほど単純でもありません。どちらの「認められたい」も一生分稼いで貯めておけるような性質ではない以上、短期間にドカンと充たす人より、人並みの水準で継続的に欲求を充たせる人のほうが、幸福感を得やすく、不幸な心持ちを回避しやすいと思います。

それなら、自分自身や他人に要求水準の高い「認められたい」を求めてしまう人は、どうやったら人並みな「認められたい」で満足できるようになれるのでしょうか？　そもそも、そんなことが可能なのでしょうか？

私は、「できます」と答えます。

控えめに言っても、その余地のある人は決して少なくありません。

とりわけ十〜二十代の読者の方は、ここまで読んで「私は『認められたい』を求め過ぎで、取扱いが下手だ」「俺は承認欲求や所属欲求が低レベルだ」と落胆したかもしれません。でも、あまり悲観しないでください。実は、承認欲求や所属欲求は「レベルアップ」できるのです。

承認欲求も所属欲求も低レベルで、やたら要求水準の高かった人が、人生経験を重ねるうちに少しずつレベルアップして「認められたい」を活かせるようになっていくことは、稀ではありません。むしろ、子ども時代や思春期の前半から高レベルな人のほうが、稀と言っていいでしょう。大抵の人は、成功や失敗を重ねながら、承認欲求や所属欲求のレベルアップをしていき、少しずつベテランに近付いていくものです。

だから現在のあなたの「認められたい」が低レベルだとしても、五年後、十年後のあなたも同じとは限りません。今は目立ちたがり過ぎる人・他人に厳しく文句ばかり言っている人でも、然るべき経験を積むうちに、もっと穏当に承認欲求を充たせるようになったり、他人に心を寄せやすくなったりする可能性は十分あります。そうなれば、今よりも人間関係を維持しやすくなるでしょう。

子ども、若者のレベルが低いのは当たり前

本書のなかで私は、要求水準が高くて充たしにくい承認欲求や所属欲求を「承認欲求／所属欲求のレベルが低い」とロールプレイングゲーム風に表現してきました。混乱を避けるため断っておきますが、これは、第2章で述べてきたコミュニケーション能力や長所の成長度合いとはまた別の、〝承認欲求と所属欲求そのもの〟の巧拙や成長度合いを、言い表してきたつもりです。

私がこういう表現を選んだのは、本書で述べてきた「承認欲求／所属欲求のレベルが低い」人の特徴は、子どもや若者にみられることが多く、反対に、「レベルが高い」人の特徴は、人

生経験を重ねるにつれて、身に付いていくように見受けられるからです。

たとえば承認欲求の低レベルな人にありがちな特徴は、幼児に頻繁にみられるものです。保育園や幼稚園に通っているぐらいの子どもは、自己中心的に出しゃばり、褒められたがるものですが、そうした子でも成人後に、Cさんのような承認欲求の達人になっていくこともあります。

思春期の男女も、しばしば行き過ぎたかたちで承認欲求を求めてしまいます。〝中二病〟や〝意識高い系〟のような、安易に自分自身を特別だと思いたがる心理などは、その典型例と言えるでしょう。それらは、年上の人からみれば、滑稽な承認欲求の発露とうつるかもしれませんが、そうした試行錯誤を経て、社会的にちょうど良い振る舞いを身に付けていくことを思えば、成長の一プロセスとして決して無駄ではありません。

所属欲求にも似たことが言えます。小さい頃の子どもは、世話してくれる親や年長者を、所属欲求の対象として過大評価しがちで、思春期を迎え、その主な対象が家族以外の他人や仲間集団などへシフトした後も、そのような傾向は残ります。ひいきのアーティストを神様のごとく崇拝する、自分が所属する仲間集団をやたら過大評価する、といった〝黒歴史〟は、誰にでもあるのではないでしょうか。

ですから、本書で書いてきた「承認欲求／所属欲求のレベルが低い人」は、大人ではそれほどみられなくても、未成年には数多くみられます。逆に、「承認欲求／所属欲求のレベルが高い人」は、未成年には非常に少なく、幼児や小学生となるとまずいません。

余談ですが、親や周囲の大人に無理強いされて、まだ「認められたい」を充たし慣れない子どもが「認められたい」のベテランのように振る舞っていることがあります。そのようなベテラン〝もどき〟な子どもは、しばしば親や教師から「いい子」「育てやすい子」などとみなされがちです。

しかし、そのように強いられ続けた子どもは、周囲の期待どおりに振る舞っている行動が一体誰のためのものなのか、だんだんわからなくなってしまいがちで、思春期を迎えた頃にはすっかり混乱してしまい、精神科や心療内科を受診するケースが絶えません。彼らの承認欲求や所属欲求が、まったく低レベルなままになっているのを目の当たりにする身としては、「認められたい」が発展途上の段階で、わけもわからぬままベテラン〝もどき〟を強いるのは、無理があると思います。

承認欲求／所属欲求どちらも、レベルを上げるためには経験の積み重ねが不可欠、というわけです。

レベルの差は何をもたらすのか

では、順当に「認められたい」がレベルアップしていくと、どんな良いことがあり、レベルアップできないと、どんなハンディを背負うのでしょうか。

これまで述べたように、承認欲求と所属欲求が低レベルなままの人は、要求水準が高かったり欲求が強すぎたりするため、なまじっかな承認や所属では、充たされたと実感できません。勢い、ハードルの高い承認や所属を得ようとして無理を重ねたり、すぐに・たくさんの「認められたい」を充たせることばかり繰り返して、スキル習得が偏りがちです。逆に言うと、承認欲求や所属欲求がレベルアップしている人は、そうした弊害を免れるということです。

レベルアップしていくメリットは、もうひとつあります。実は、「認められたい」のレベルは、承認欲求や所属欲求の「飢えにくさ」にも関連があります。

第1章と第3章で私は「承認欲求と所属欲求は貯められない」と書きました。が、あくまでそれは、短期間に一生分を稼いでも貯めておけないという意味で、レベルが高い人ならある程度の「貯め」がきいて「飢えにくい」反面、レベルが低い人は「貯め」がきかなくて「すぐに飢えてしまいやすい」のです。

これらを、ここまでに挙げてきた事例①~④を使って模式的に表してみたのが、図3です。

まだ「認められたい」のレベルアップがあまり進んでいないAさんやBさんのような人は、承認欲求／所属欲求どちらも要求水準が高く、そう簡単には「認められたい」が充たせません。図3で彼らの承認欲求／所属欲求を大きなマス目で示したように、彼らが認められたと実感するためには、高い要求水準に見合った、ラージサイズの承認体験や所属体験が必要になっ趣味でコスプレをやっているAさん。彼女の「認められたい」の主な供給源は承認欲求ですが、その承認欲求のレベルが低いため要求水準が高く、ラージサイズの承認でなければ充たされません（大きなマス目だから充たしにくい）。マス目の数そのものも少ないため、しばらく承認欲求が充たせないと「認められたい」の欠乏状態に陥ってしまいます。

「認められたい」が低レベルでも、オンラインゲームに夢中だった頃のBさんのように「認められたい」の欠乏状態を免れることがあります。多くのオンラインゲームは、承認欲求だけでなく、プレイヤー同士の仲間意識を介して、所属欲求も充たせるよう巧妙につくられているので、一生懸命にゲームをやっていれば、両方の欲求を充たし続けられます。そのかわり、お金と時間をどんどん浪費してしまい、ゲーム以外のスキルはろくに身に付きません。

Cさんのように承認欲求を充たし慣れている人は、挨拶程度のコミュニケーションでも承認欲求が充たされます（小さなマス目だから充たしやすい）。しかも承認欲求のレベルアップに伴ってマス目の数そのものも増えるおかげで、しばらく充たせない時期があっても「認められたい」の欠乏状態に陥らずに済みます（マス目が1〜2個減ったぐらいなら耐えられる）。日常生活のうちに承認欲求が充たせるチャンスも多く、貯めもききやすいおかげで、Cさんは「認められたい」に振り回されてお金や時間を浪費することがありません。周りの人の承認欲求に目配りできるおかげで人間関係もうまくいきやすく、結果として、所属欲求も次第にレベルアップしていきます。

所属欲求を充たし慣れているDさんの場合、自分が属する組織や友人関係が特別でなくても、十分に所属欲求を充たし続けられます（小さなマス目だから充たしやすい）。Cさんの承認欲求同様、所属欲求のレベルアップに伴ってマス目が増えて「貯め」もきくようになっているため、しばらく所属欲求が充たされない時期があったとしても、すぐ「認められたい」の欠乏状態に陥る心配はありません。レベルの高い所属欲求のおかげで人間関係がうまくいきやすい結果、Dさんの承認欲求も次第にレベルアップしていきます。

図3　「認められたい」のレベルの高低による違い

①「認められたい」がなかなか充たせないAさん(P30)

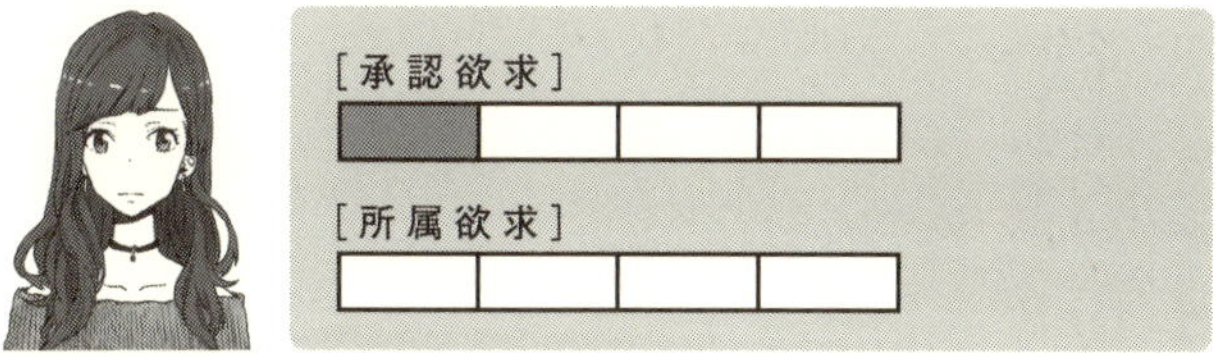

②オンラインゲームで強引に「認められたい」を充たしたBさん(P32)

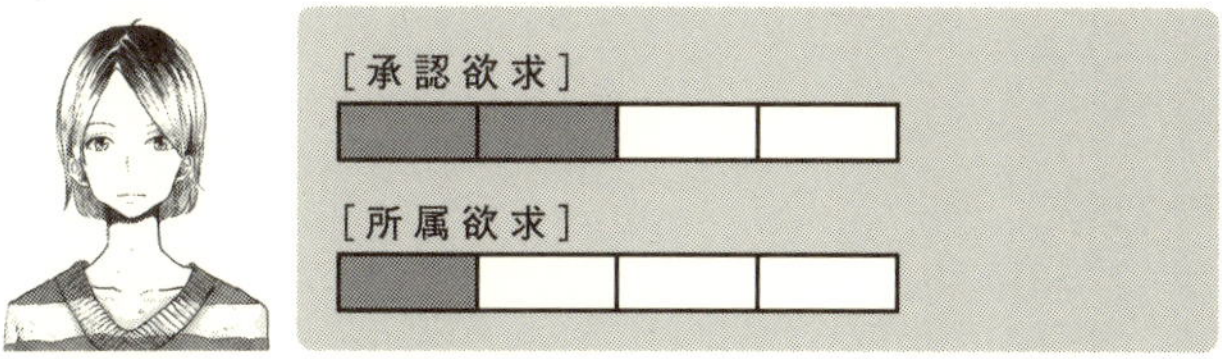

③承認欲求の高レベルなCさん(P61)

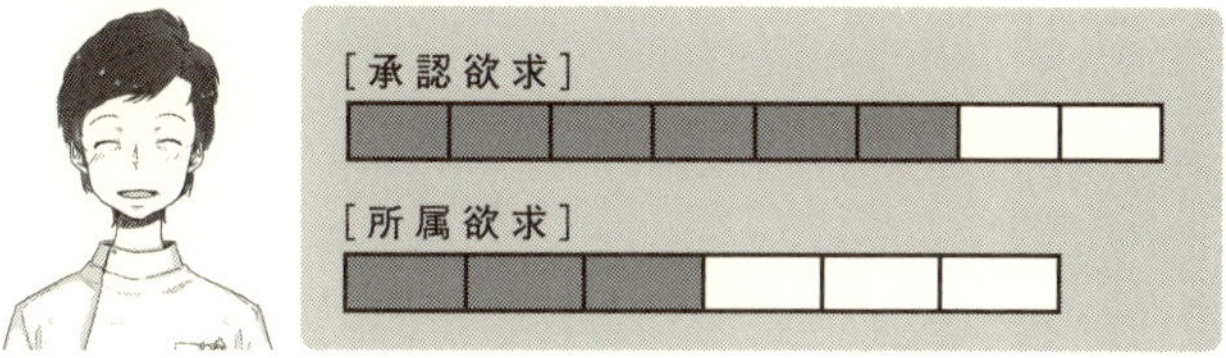

④所属欲求の高レベルなDさん(P76)

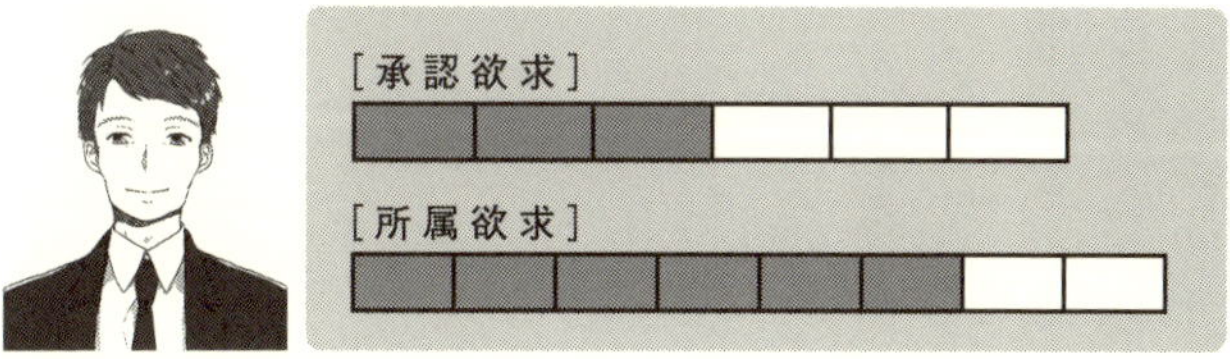

てしまいます。そのうえマス目の数もまだ少ないので、「認められたい」気持ちに飢えない状態を保つためには、そのラージサイズの承認体験や所属体験を、頻繁に満たさなければなりません。結果として、Aさんのようにいつも「認められたい」の欠乏状態に陥るか、Bさんのように強引な手段で「認められたい」を充たし続ける羽目になりがちです。

対して、「認められたい」のレベルアップが進んでいる人、CさんやDさんのようなベテラン成人は、日常の挨拶などからも、承認欲求や所属欲求を充たすことができます。承認欲求／所属欲求を小さなマス目で示したように、彼らは日常的な体験でも認められたと実感できる（マス目を充たすことができる）おかげで、強引な手段で「認められたい」を充たす必要がありません。しかも、レベルアップするにつれてマス目の数も増えていくため、ちょっとの間、充たせなくても、承認欲求や所属欲求に飢えることもありません。

つまり「認められたい」のレベルが高くなっている人のほうが、「認められたい」を充たすために無理をする必要がなく、欲求が充たせない状況がしばらく続いても、飢えにくいということです。

自己実現欲求なんて芽生えない

心理学、特にマズローについて調べたことのある人のなかには、ここまで読んで「なんだかおかしいんじゃないか」と首をひねっている人も、いらっしゃるかもしれません。というのも、「はじめに」で触れたマズローの欲求段階説どおりに考えるなら、「承認欲求／所属欲求それぞれが上達し、レベルアップしていく」などと私は書くべきではなく、「所属欲求が充たされたら承認欲求に目覚めて」「承認欲求が充たされたら自己実現欲求に目覚める」とみなさんに説くべきだろうからです。

でも、本当にマズローの言ったとおりなのでしょうか？

私がみる限り、現実の人間はマズローの欲求段階説どおりには、生きていないようにみえます。所属欲求を充たしている人が、必ず承認欲求に目覚めるかというと、そうではなく、承認欲求に軸足をシフトさせないまま、一生を過ごしていく人は存在します。また、現代社会には所属欲求がぜんぜん充たされていないのに、承認欲求に飢えっぱなしの人も少なからずいて、そのような人達の場合、マズローのあのピラミッドの図の真ん中ふたつが逆さまになる――承認欲求が充たされていくうちに所属欲求に目覚めていく――という逆パターンを取る人さえいます（図4）。

ついでに言うと、所属欲求や承認欲求を充たしているからといって、あの欲求ピラミッドのてっぺんに位置づけられた自己実現欲求に目覚めるかといったら、甚《はなは》だ怪しいのです。

マズローによれば、自己実現欲求に目覚めた人には「至高体験」「文化の超越」といった、どこか常人離れした特徴がみられるそうです。彼の著書には、この自己実現欲求に目覚めた人

図4　現実に社会でみかける欲求段階のバリエーション

①

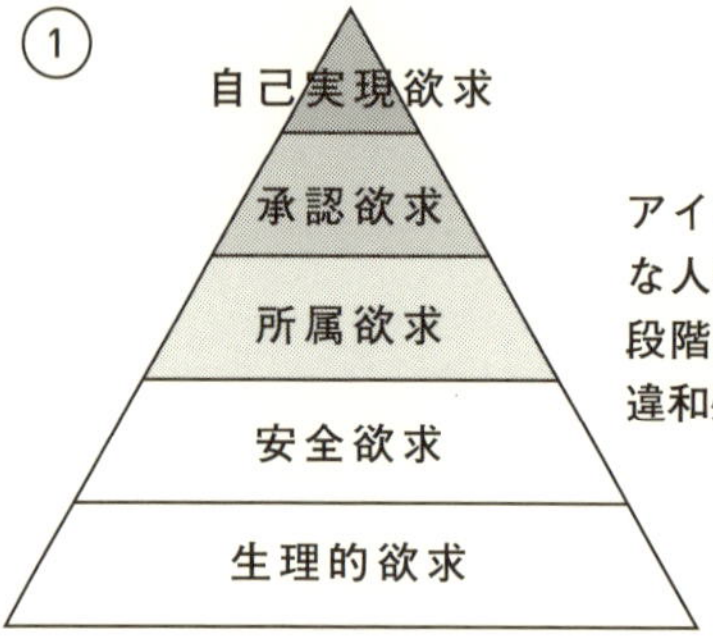

アインシュタインのような特別な人物の場合、マズローの欲求段階説をそのまま当てはめても違和感は無い。

②

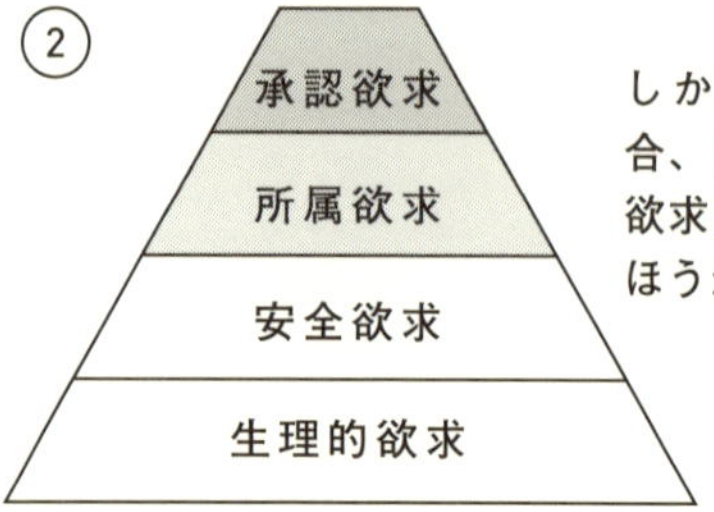

しかし、ごく普通の人間の場合、自己実現欲求を省いて承認欲求と所属欲求を最上位にしたほうが事実に即している。

③

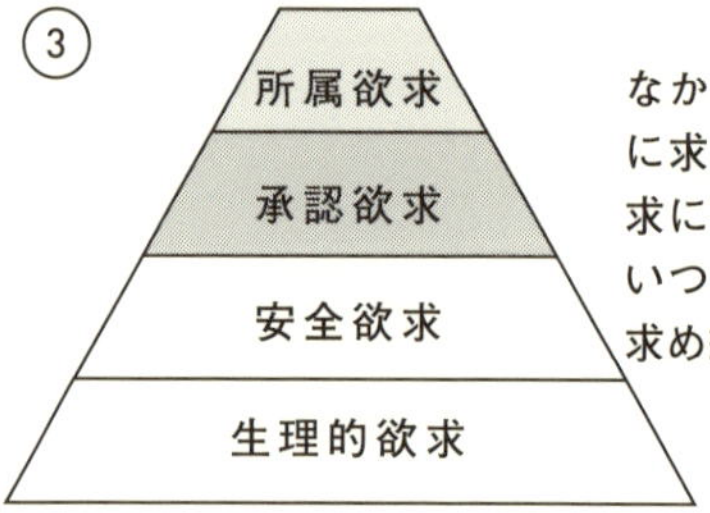

なかには、承認欲求のほうが先に求められ、後になって所属欲求に芽生えていく人もいるし、いつまでも承認欲求ばかり追い求め続ける人もいる。

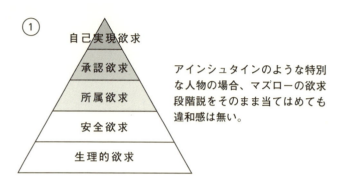

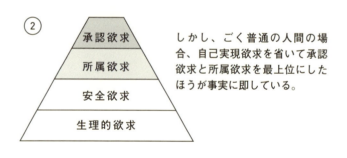

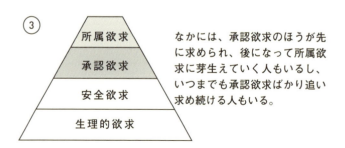

物の例として、リンカーンやアインシュタインやシュバイツァーなどが挙げられていますが、誰でもリンカーンやアインシュタインになってしまったら大変ですし、なれるわけもありません。マズロー自身も、「自己実現欲求に目覚める人は一握り」とちゃんと記しています。

ところが日本では、この自己実現という言葉が一種の流行になってしまい、80年代からこのかた、「自己実現を目指しましょう」と謳う自己啓発書がたくさん出版されました。ごく少数の人しか目覚めないはずの欲求にあなたも目覚めましょう、〝激レアカード〟のようなあなたを目指しましょう、というわけです。

しかし自己啓発書を読んだだけで、誰もが自己実現欲求に目覚めるわけもなく、特別な人間として承認されたがっている人達に、そのままのライフスタイルで構わないという、誤ったお墨付きを与えただけでした。あの頃の〝自称・自己実現人間〟の凡俗さと、オンリーワンな自分でありたがる陳腐さを思い出す限り、そうした人達が本当に期待していたのは、要求水準の高い承認欲求でしかなかったと、私は断定せずにはいられません。

現実の人間の多くは「認められたい」から離れられないまま、一喜一憂を繰り返して年を取っていきます。承認欲求と所属欲求の次元を飛び越える人は、滅多にいません。だから、自己実現欲求に目覚めないからといって、残念がる必要なんてないと思います。

他方、精神分析の世界には、そうした「認められたい」が人生経験とともに成長し、要求水準が高くて取扱いが下手な状態から、要求水準が穏当で取扱いが上手な状態に、レベルアップしていく可能性に注目した人もいました。その一人が、自己心理学という精神分析のジャンルをつくりだした、ハインツ・コフート（Heinz Kohut）という精神科医です。

コフートは、彼の専門領域だった自己愛についての研究のなかで、そうした成長可能性を説きました。当時、精神分析の学界では「人間の自己愛は、成長によって他者愛にとって代わられる（＝だから自己愛は駄目なんだ）」という考え方が主流でしたが、コフートは「**自己愛は生涯にわたって成長し続ける**（だから自己愛はあっても良い）」と主張したのです。この考え方は大論争を引き起こし、コフート自身はへとへとになってしまうのですが、彼の死後、アメリカを中心に多くのカウンセラーが、この考え方を心理療法に導入していきました。

コフートの語った自己愛の概念は、ちょっとややこしいので、本書では深くは立ち入りませんが、自己愛は、

- 他人に注目されたり、褒められたり、反応されたりすると充たされる
- 理想視したり、リスペクトしたりしている対象との一体感でも充たされる
- 仲間意識や同胞意識を感じている対象との一体感でも充たされる

といった性質を持っています。

つまり、本書で説明してきた「認められたい」と、コフートが語った自己愛は、ちょうど重なっているのです。

レベルアップは幼い頃に始まっている

なので私は、承認欲求や所属欲求のレベルアップを考える際には、コフートが語った自己愛の成長理論が非常に参考になると考えています。さっそく、彼の理論立てに沿って「認められたい」のレベルアップのプロセスを説明します。

子どもは乳児の頃から親の世話に反応し、同時に仕草や泣き声によって、親の反応を引き出そうとします。少し年齢が上がってくると、ジャングルジムを登ったり絵を描いたりするたびに、親（や保育士や友達）の反応を期待するようにもなり、自分が褒められるとパッと顔が輝いたりします。そうした子どもの期待すべてに周囲が応じられるわけがなく、ときには叱られ、ときには見向きもされないこともありますが、子どもは試行錯誤を繰り返し、どうやったら自分が褒められやすく、どうやったら叱られにくいのかを学び取っていきます。また、このような試行錯誤を通して、善悪の判断や処世術の原型も身に付けていきます。

承認欲求に相当する、他人から注目されたい・褒められたい気持ちは、人生の早い段階から芽生え、充たされ始めている、ということです。もちろん乳幼児は、親の反応を得たい気持ちだけに動機づけられているわけでなく、おなかが減った・おむつを替えて欲しいといった生理的欲求や、安全欲求にも動機づけられているでしょう。それでも親という名の最初の他人とのコミュニケーションが始まるや、子どもは自分を見つめてくれるよう、仕草や泣き声で親に促し、やがては親以外の人達からも、肯定的な評価や反応を得たがるようになっていきます。

同じく、所属欲求も乳幼児期に芽生えます。発達心理学のテキストブックには「認知機能が未発達な状況も手伝って、幼い子どもには親がなんでもできる万能な対象にみえて、その理想像との一体感に包まれている」といったことが書かれています。つまり、幼い子どもには、親は、要求水準の高い所属欲求を充たしてくれる対象として、体感されるわけです。もちろん現実の親は万能ではないので、子どもの認知機能が発達するにつれて、そうした理想像は少しずつ修正されて、現実の親を少しずつ受け入れていきます。そして4～5歳ぐらいになると、周囲の年長者や友達にもリスペクトや仲間意識を感じるようになり、そうやって所属欲求の対象は、家庭の外へと広がっていきます。

このように、承認欲求や所属欲求を充たす体験は、物心つく前から始まっていて、毎日の生活のなかで積み重ねられ、磨かれていくのです。

子どもにとって幸いなことに、幼いうちは簡単な達成でも褒めてもらえ、親の日常的な活躍にも瞳を輝かせやすく、彼らの欠点にも気づきにくいので、子どもの承認欲求や所属欲求が低レベルで要求水準が高くても、「認められたい」を充たす際のハードルは、それほど厳しくはありません。

しかし、子どもが成長していくとどうでしょう。考えてもみて下さい、一人でトイレに行くだけで親に褒めてもらえるのは、何歳まででしょうか？　父親が大きな荷物を運んだだけで「でっかいなぁ、凄いなぁ」と目を輝かせられるのは、何歳まででしょうか？

つまり、この承認欲求や所属欲求のレベルを上げやすい幼少期に、レベルアップの機会が得られなかった人は、その後「認められたい」を成長させていくのが大変ということです。

コフートの著作のなかにも、本書で紹介した承認欲求や所属欲求のレベルが低い人の特徴を持った症例が頻繁に登場しますが、彼らは皆、子ども時代に「認められたい」を充たせなかったために、成人後も人間関係や世渡りに苦労していました。「認められたい」気持ちは誰もが持っているものですが、そのレベルアップが年齢相応に進んでいくかどうかは、子ども時代にある程度決まってしまう部分があるのです。

必要なのは「適度な欲求不満」

過去に目を向けるのはこれぐらいにしましょう。ここからは、今「認められたい」のレベルが低い人が、どうやってレベルアップをしていけば良いかの話をします。

もし、要求水準の高い承認欲求や所属欲求を充たすだけで「認められたい」がレベルアップするなら、こんなに簡単な話はありません。キャバクラやソーシャルゲーム、カルト宗教のカリスマ教祖に夢中になれば、それでＯＫでしょう。しかし現実をみる限り、それでは「認められたい」のレベルアップは進みません。

この件について、コフートはひとつの答えを言い残しています。彼は、「変容性内在化」(transmuting internalization) という、日本のことわざで言うなら〝雨降って地固まる〟みたいな経験を重要視していました。他人に期待した「認められたい」が充たされなくて失望しかけても、その辛さが後で理解してもらえたり、仲直りして次の機会にはまた気持ちが通じ合えたりするなら、自己愛は成長していく——だいたいこのようなことを、コフートは考えました。

うまくいっている親子の間柄でも、子どもが褒められっぱなしなんてことはあり得ません。親に構ってもらえない・期待どおりの反応を返してもらえないこともあるでしょう。年長者をリスペクトしたり、友達に仲間意識を持ったりしても、ときには落胆する場面もあるはずです。

しかしコフートに言わせると、こうした〝適度な欲求不満〟があるぐらいの関係で良いというのです。かならず褒めてくれるとは限らない母親でも、かならずリスペクトを引き受けてくれるとは限らない父親でも、おおむね承認欲求や所属欲求を充たしてくれて、親子関係が修復不能にならないなら、「認められたい」をレベルアップさせてくれる対象としては十分、ということです。先輩や友人が対象になる時にも、同じことがいえます。

コフートは、みずからの心理療法にもこの考え方を適用しました。承認欲求／所属欲求が低レベルなままの成人患者さんの、要求水準の高い「認められたい」ニーズに対応するのは難しく、ときおり不可避的に生じる欲求不満に対応し〝雨降って地固まる〟を成立させるのは大変です。それでも心理療法を介して、カウンセラーとの人間関係を続けていくことで、診察室の外では承認欲求や所属欲求の低レベルさが崇《たた》って人間関係を潰しがちな患者さんでも、「認められたい」のレベルアップを進められる……というわけです。

こうした〝雨降って地固まる〟によるレベルアップは、もちろん親子関係や心理療法の場面でだけ起こるものではありません。部活動の先輩や後輩・クラスメート・先生・職場の人達・なじみの食堂のおばさん――そうした人達とのコミュニケーションによっても、多かれ少なかれ成立します。

だからもし、あなたが「認められたい」のレベルアップを進めていきたいなら、〝雨降って地固まる〟が成立し得る人間関係を大切にし、そのような人間関係に発展しそうな芽を摘まないようにするのがお勧めです。

「認められたい」のレベルアップが遅れ気味で、他人に多くを望んでしまう人にとって、そのような人間関係はなかなか見つかりにくく、見つけたとしても失いやすいものかもしれません。そうした人ほど要求水準が高いため、つい他人に「ありのままの自分を認めて欲しい」「私の理想どおりのリーダーでいて欲しい」などと期待してしまい、結果として相手をうんざりさせたり、自分のほうが失望してしまったりしやすいからです。そうした積み重ねの結果、他人に期待して裏切られるのがすっかり怖くなってしまい、先述したように、他人を遠ざけてしまう人もいます。

さりとて、「認められたい」のレベルアップに、これ以外の方法があるとは私には思えません。特別な才能のおかげでたくさん承認欲求を充たし続けられる人でさえ、〝適度な欲求不満〟や〝雨降って地固まる〟を欠き、絶賛だけを求めているようでは、承認欲求のレベルアップは起こらず、「認められたい」の要求水準は下がりません。自分は特別だと思い込めるような各種サービスに時間やお金を注ぎ込む場合も同様で、要求水準は変わらないか、むしろ上がってしまいます。

ですので、多少の摩擦を含んでいても、お互いに「認められたい」気持ちをまずまず充たし合えるような人間関係を長続きさせるよう、しっかり意識したほうが良いでしょう。そうした長い人間関係は、新しい可能性を追いかけたい時には、足手まといと感じられるかもしれませんが、こと「認められたい」をレベルアップさせるという点では、次々に相手を乗り換えていく人間関係にはないメリットがあります。

ネットでもレベルアップはできるけれど……

コフートは、こうした〝適度な欲求不満〟や〝雨降って地固まる〟が成立していく際に、言語以外のメッセージの要素――表情やうなずき、まなざし、沈黙したまま過ぎていく時間など――も重要だと言い残しています。会話中に何かを否定する時も、ぶっきらぼうなNOと、申し訳ないジェスチャーを伴ったNOでは、相手の受ける印象は違ってきますし、なにも喋っていないけれどもお互いに気持ち良い雰囲気の時や、チームプレーがバッチリ決まっている時には、「認められたい」を充たすのに言葉は要りません。非言語のメッセージは明らかに重要で、「認められたい」の充たしやすさはもちろん、〝雨降って地固まる〟の成立しやすさも、大きく左右します。

ですから、ここまで述べてきた「認められたい」のレベルアップの話は、お互いの表情が読み取れる状況を前提としていると考えるべきで、実際、コフートのお弟子さん達は、面と向かっての心理療法を現在も重視しています。

しかし、マズローやコフートが活躍した時代から数十年が経ち、私達はコミュニケーションをスマホやパソコンにも頼るようになりました。ディスプレイ越しのコミュニケーションでも、「認められたい」のレベルアップは可能でしょうか。

私は可能だと思います。というのも、私にはインターネットで巡り会い、十年来の付き合いをしている知人や友人がたくさんいるからです。彼らとの付き合いのなかにも〝適度な欲求不満〟や〝雨降って地固まる〟は無数にあり、私自身の「認められたい」も、随分とレベルアップさせてもらったと感じます。

ただし、そこでレベルアップできるかどうかには条件があります。それは、ネット越しのコミュニケーションだけでなく、直接会う機会も持つということです。オフ会をたくさん経験し、インターネットを2万時間ぐらいやり込んでいる私でも、直接会わなければわからないこと・伝わらないことはたくさんあります。レベルアップしていくためには、毎月・毎年でなくても構わないので、インターネットの外で、直接言葉を交わしあう機会も必要だと思います。だからといって、無思慮にオフ会に出て回るのも考えものです。オフ会で出会った相手すべてと仲良くなれるわけではありませんし、後になって仲違いする人や、最初から悪意を隠し持って接触してくる人もいるかもしれません。ときには初対面で、一気に人間関係の間合いを詰めてくるタイプもいて、特にそれが異性の場合、細心の注意を払わなければ、ストーカー被害も含めたトラブルに発展してしまうことがあります。

こういった危険を、ネット越しでしか接触がないうちに見抜くのは、なかなか困難です。オフ会に慣れないうちは、なるべくマンツーマンの出会いは避け、異性よりも同性の知人をつくりやすい集まりを選んだほうが無難です。

現在のネットコミュニケーションの主流であるLINEやSNSを使う場合にも、注意しておかなければならない点があります。短文や写真だけのコミュニケーションは、ボタンの掛け違いが意外と起こりやすく、誤解が膨らんでしまうこともあるので、オンライン上で誤解が生じそうな時には、早めに直接会いましょう。

ＬＩＮＥやＳＮＳには「いつでも読めてしまう」「いつでも書けてしまう」といった別の問題もあります。「四六時中コミュニケーションできるのは良いことだ」と思っている人もいるかもしれませんが、そうとも限りません。とりわけ「認められたい」のレベルが低い人にとって、これはなかなか厄介です。

こうした人は、つい認められたいあまり、短時間に何度も投稿し、自分に対するリアクションを四六時中確かめがちです。しかし、そうやってスマホに始終張り付いていれば、ＬＩＮＥ疲れやＳＮＳ疲れに陥りやすく、そうした疲れの蓄積は、メンタルヘルスにも人間関係にも良くありません。

インターネット企業にとって、ユーザーがひっきりなしに端末をチェックする状況は、願ったりかなったりかもしれませんが、ユーザー自身にとって、本当にそれは幸せで望ましい状況でしょうか？　ＬＩＮＥ疲れやＳＮＳ疲れが暗に示しているように、そこには好ましくない副作用もあると思うのです。気がつけばスマホをいじってしまう人は、定期的にスマホの電源を切るなり、「ネットをあまりやらない人」キャラをつくっていくなり、とにかく、やり過ぎないための工夫をしてください。過度のネットコミュニケーションでメンタルヘルスをすり減らしてしまうのは、「認められたい」のレベルアップ以前の問題です。

子どものレベルアップのために親ができること

〝適度な欲求不満〟がある親子関係によって、子どもはある程度成長した後も「認められたい」をレベルアップさせることができるでしょうか。

思春期以降まで想定するなら、親子関係だけではレベルアップは難しいと思います。

さきにも述べたように、人生最初期の「認められたい」のレベルアップにとって、親の存在は非常に大きなものです。子どもが成長し、小学校に進学した後も、「認められたい」の引受先としての親の役割は重要であり続けます。

ところが、子どもが思春期を迎えてからは、どうもそれだけでは十分ではないようです。ひきこもり研究で有名な精神科医の斎藤環さんは、著書『引きこもりはなぜ「治る」のか？』のなかで、コフートを引用した心理的成長について書いていますが、そのなかに次のような一節があります。

> 自信の欠如も、過剰な自信も、生きづらさをもたらしますが、程よい自信は水のように淡々と、等身大の自分を支えます。
> ただ一般に、この種の自信を親が与えることはできません。家族がどんなに本人を褒

め、承認してあげたとしても、それはある意味当然のことなので、ありがたみが薄いからです。

斎藤環『引きこもりはなぜ「治る」のか?』(ちくま文庫)P84

ここに書かれている「程よい自信」とは、〝適度な欲求不満〟を含んだかたちで、承認欲求や所属欲求が充たされている状態に相当すると思います。しかし、家族から認められただけでは当然過ぎてありがたみが薄く、それだけでは実感として十分ではありません。「親からの承認にありがたみが感じられる」場面が、もう一度やって来るとしたら、それはもう親に頼れない状況に直面するか、自分自身がその親と同じ役割を引き受けてからではないでしょうか。また同書には、

コフートによれば、最も望ましい発達は、青年期や成人期を通じて支持的な対象が持続することとです。特に青年期において、自分を無条件で支持してくれる人が一人でもいるということが重要とされます。(中略)

このような関係は、むしろ家族には難しいでしょう。むしろある程度、距離のある関係の方が望ましいと思います。

同書P108

とも書かれています。精神科医として引きこもりの青少年に触れる時、あるいはインターネット上で半引きこもりの人の叫びのような文章を眺める時、私はこの感覚を痛切に感じます。家庭外に〝適度な欲求不満〟を伴った人間関係を持っていない引きこもりの人は、たとえ親に「認められたい」を充たしてもらえても、「認められたい」の欠乏状態をなかなか脱出できず、そのレベルアップも進んでいないことがよくあります。私自身の不登校時代を思い返すにつけても、どうやら思春期を過ぎると、親経由で「認められたい」を充たすだけでは満足できないように、人間はできているようです。

断っておきますが、親子間の承認欲求や所属欲求を、無視して構わないと言いたいわけではありません。思春期を迎えた子どもは親からの自立を望み、親を鬱陶しがるところもありますが、まだまだ親に認められたがっている部分もあります。心理面だけでなく、社会的・経済的にも親の支えが必要でしょう。そういった時期に親から全く顧みられなかったり、存在を否定されたりするのは、子どもにとって辛いことです。

それでも、引きこもりや適応障害をきっかけとして、精神科を訪れる思春期〜青年期の症例を診ている限り、「認められたい」のレベルアップをはじめとする心理的な成長は、家庭外で承認欲求や所属欲求を充たせなければ難しいともみえます。思春期にさしかかって親子間の「認められたい」がギクシャクし始めた人でも、家庭外の人間関係がしっかりしていれば「認められたい」のレベルアップを成し遂げられる例はそう珍しくありませんが、反対に、親子以外の人間関係が乏しくても「認められたい」のレベルアップをやってのけた例は、私の知っている範囲では、ほとんど記憶にありません。

つまり、親子の間柄がギクシャクしていたとしても「認められたい」はレベルアップできる、ということです。友達や先輩、先生や師匠といった、「認められたい」がおおむね充たされ、多少の欲求不満があっても付き合い続けられる対象がいる限り、「認められたい」がレベルアップしていく余地はあります。むしろ、親との関係がギクシャクしている時こそ、家庭外で「認められたい」を充たせるような人間関係、とりわけ〝適度な欲求不満〟や〝雨降って地固まる〟が起こり得るような人間関係を持っているか否かが、問われるのだと思います。

もし、この時期の子どもに親ができることがあるとしたら、子どもが外の世界で持続的な人間関係をつくっていくバックアップをしたり、「いつでも家庭を避難先として使えるように」スタンバイしたりすることでしょうか。

というのも、子どもが家庭外で承認欲求や所属欲求のレベルアップを行うのは簡単ではなく、巡り合わせによっては、子どもが傷ついて帰ってくることもあるからです。多くの場合、成長途上で躓いた子どもを打算によらず手助けできる人間は、親しかいません。思春期以降の子どもにとって、親は「認められたい」を充たしたり、レベルアップしたりするには不十分な対象ですが、家庭外で人間関係をつくり、心理的な成長を遂げていく際の〝裏方〟としては、依然として重要です。

ですから、子どもが思春期を迎えたから親が全く顧みないとか、思春期を迎えたから親の言うことに子どもが全く耳を貸さないとか、そういった極端な親子関係を、私はお勧めしません。子どもが幼かった頃と同じ関係である必要はありませんが、親子が互いに認め合える余地は、残しておいたほうが良いと思います。

恋愛で「認められたい」は充たせない!?

親子の話をしたので、ついでに恋人関係や夫婦関係の話もしましょう。

素敵な恋人に巡り会いたい・幸福な結婚をしたいといった願望は、今も昔も変わらずドラマや物語の定番です。しかし現実問題として、「認められたい」のレベルアップがあまり進んでおらず、コミュニケーションにも自信の無い人が、理想的な伴侶を見つけて、人生一発逆転できるかといったら、なかなか難しいようです。

事例⑤ 親身な男性と結婚したら凶暴になったEさん（25歳・女性）

Eさんは中学時代に不登校を経験し、この時期に「適応障害に伴う抑うつ」の診断名で精神科に通院し、三か月ほどで回復しました。その後は定時制高校を卒業し、アルバイトをやったり、オンラインゲームを遊んだりしながら過ごしていたそうです。22歳の時、ゲームサイトで知り合った5歳年上の男性と結婚しました。親身に世話をしてくれる男性との結婚に、家族は安心したそうですが、結婚後数か月で、夫に対する暴言や暴力、抑うつが出現し、駅前のメンタルクリニックで〝境界性《ボーダーライン》パーソナリティ障害〟と診断されました。

「夫が私の言うことをきいてくれない」と怒り顔のEさんと診察室で面接した時、傍らには気の良さそうな夫がついていました。Eさんの身に何かあれば会社を飛び出して駆けつけるという、一般的な基準で考えるなら甲斐甲斐しい夫で、Eさん自身も、当初は理想の結婚相手とみなしていたのだと言います。ところが次第にEさんの不満が強まり、ちょっと気に入らないことでも、怒りをあらわにするようになってしまったのだそうです。

お互いに苦しくなったEさん夫婦は別居するようになり、やがて離婚しました。すると、暴力的な傾向も抑うつも改善し、アルバイトも元どおりできるようになりました。Eさんは結婚によって凶暴になり、離婚すると憑き物がとれたように元に戻ったのでした。

「認められたい」のレベルが低く、コミュニケーションも苦手な女性が、親身な男性と結婚／同棲しているうちに、相手に対する要求水準がどんどん高まって不満が募り、お互いヘトヘトになってしまう……というのは精神科・心療内科では定番のストーリーで、性別を反対にした「尽くす女性とDVを繰り返す男性」も頻繁に見かけます。離婚後、Eさんが落ち着きを取り戻したことが示しているように、このような男女間の現象は、「認められたい」を充たしてくれそうな異性と一緒にいる時にエスカレートし、そうでない時は意外なほど落ち着いたりします。

実のところ、夫婦や恋人同士で〝雨降って地固まる〟のような関係を成立させ続けるのは、友達同士や会社の上司／部下の間柄よりも難しいのです。

というのも、親密な男女の間柄には歯止めがありません。たとえば三人以上の友達同士なら、一人が別の一人に極端な承認や所属を求めれば、別の誰かが「おまえちょっとやり過ぎじゃないか」と注意してくれるかもしれませんし、注意されるまでもなく、人目や空気を気にして心にブレーキがかかります。全員歯止めがかからなくなるカルト集団のような特殊事例を除けば、二人きりよりもずっと「認められたい」がエスカレートしにくく、お互いにコントロールを利かせ合う余地があります。

ところが、男女間には第三者が口を差し挟む余地がありません。二人きりで過ごす時間が長く、そのうえ性行為のような、あたかも自分達が融合したかのような体験まで加わるわけですから、男女双方が「認められたい」気持ちをしっかりコントロールできなければ、カップルは簡単にグシャグシャのドロドロになってしまいます。

だから「認められたい」のレベルアップという点では、男女の付き合いは、同性の友達同士や会社の同僚との付き合いに比べて、上級者向けと言えます。恋のはじまりの時期は、お互いが素敵だと錯覚しやすいので、要求水準の高い「認められたい」を求める者同士でも、承認欲求や所属欲求が充たせますが、いつまでも錯覚を維持するのは不可能です。お互いの「認められたい」がエスカレートするようでは〝適度な欲求不満〟や〝雨降って地固まる〟が成立するカップルになるのは難しく、Eさんのような状態に陥ってしまうか、そうでなくても不満だらけのカップルができあがってしまいます。

もしあなたが異性との恋愛関係がこじれやすいなら、まずは友人関係を長続きさせて、「認められたい」がある程度レベルアップしてから、深い関係に進んだほうが良いかもしれません。「友人がいないから私には恋愛しかない！」と反論する人もいるかもしれませんが、二人だけの関係とは、始めるのは簡単でも、維持するのは簡単ではありません。まして、「認められたい」の供給源を一人の異性だけに頼ろうとすると、どうしたって二人の間の距離感が近くなり過ぎてしまい、「認められたい」の要求水準が上がってしまいがちです（この問題については第6章で詳述します）。

ちなみに先ほどのEさんの事例の場合、Eさんだけが過剰に「認められたがって」いたとは言い切れません。表面上、問題になっているのは確かにEさんのほうで、彼女の行動には「自分をどんな状況でも認めて欲しい（そしてお世話して欲しい）」「なんでも助けてくれる理想の夫と一緒にいたい」といった、要求水準の高い「認められたい」が透けて見えました。しかし本当にそれだけだったのでしょうか？　夫の側も「どんな状況でも妻を世話できる優れた夫でありたい」「全面的に妻に頼られる夫でありたい」といった異なるかたちで、Eさんに過剰に「認められたがって」いたのではないでしょうか。

この種のカップルを観察していると、必ずと言って良いほど「認められたい」のレベルアップが進んでいない者同士が、それぞれ異なるかたちで「認められたい」を充たそうと頑張り続け、二人だけの世界で、要求水準を吊り上げ合っているのがみてとれます。現実には、片方が「認められたい」のレベルが高く、もう片方がレベルが低い、という組み合わせは滅多に成立しません。まるで磁石のS極とN極が吸い寄せ合うかのように、「認められたい」を求め過ぎる男女同士が結びついてしまうのです。

人生は「認められたい」のレベルで決まる

この男女の問題をはじめ、人間関係は私達が思っている以上に、承認欲求や所属欲求のレベルによって決定づけられます。

「認められたい」のレベルが低く、要求水準の高い承認欲求や所属欲求を求める人のところには、かたちは違えど、やはりそれらを過剰に充たしたい人が集いやすく、ドロドロのカップルをつくったり、カルト的な集団を形成したりします。それをよそに、「認められたい」をほどほどに充たせばそれで十分、というレベルが高い人は、それに見合った人同士で集うことが多いのです。

同じ学校や職場の人間同士が、誰が誰を気に入り、誰が誰を理想とみなしたりライバルとみなしたりするのかは、初対面の段階ではわかりません。しかし時間が経つにつれて、そうした人間関係は「認められたい」のレベルの高低に即したかたちへ収束し、レベルの近しい者同士が集うようになります。「誰と付き合いたいと願うのか」「自分に近づいてくる誰を受け入れるのか」は、個人の意志で決めるものだとおっしゃる人もいるでしょう。しかし表向きはそのとおりでも、その個人の意志にもとづいた選択を無意識のうちに左右するのが、承認欲求と所属欲求のレベルの高低なのです。

現代社会では、誰と付き合う／付き合わないかの選択は、個人の意志に委ねられていて、身分や地域社会によって、人間関係が強制されるようなことはありません。インターネットのような、人間関係をつくる／つくらないが自由な空間では、とりわけそうでしょう。だからこそ、個人それぞれが何を望み、誰からどのように認められたいかが今まで以上に重要で、それによって人間関係や人生が、空恐ろしいほど決まってしまうようになりました。そして、一見自由のようにみえる個人の意志の背後には、私達ひとりひとりの心理的な性質が——承認欲求や所属欲求のレベルの高低が——厳然と存在していて、日々の選択に影響を及ぼし続けています。

ここまでお読みになって、エビデンスにもとづかない精神分析の発想だ、と感じた人もいるでしょう。そうかもしれませんし、こうしたことが統計的に証明づけられない点は、心得ておくべきです。しかし、勘の良い人ならばもう気づいているはずです。たとえばツイッターでアカウント同士が仲良くしたり、反対に、誹謗中傷を延々と応酬したりしている風景が教えてくれるように、選択の自由が与えられた人間は、意外なほど〝似た者同士〟でつるみ合うものだということを。

ですから、現代を生きる私達にとって、自分自身の「認められたい」のレベルを把握することは、自分が誰と出会い、誰と生きていくのかを知ることに通じています。それを知っておけば、普段の自分がどういう人達からどう褒められたくて、どういう人達に仲間意識やリスペクトを抱くのかが、おのずと明らかになるでしょう。

現在のあなたの「認められたい」は、あなたの人生や人間関係を、豊かにしてくれそうなものでしょうか？　それとも、重荷になりそうなものでしょうか？　そして、誰かを好きになった時、相手との人間関係を幸福な状態にできるような「認められたい」でしょうか？

もちろん私のお勧めは、〝適度な欲求不満〟や〝雨降って地固まる〟が成立する関係を長く地道に積み上げていくような「認められたい」です。そうやって「認められたい」のレベルを上げ続けていける人間関係こそが、結局、身の回りにいる人達との日常をきちんと噛み締め、人生を丁寧に耕していくことにも通じているのではないでしょうか。

第5章

コミュニケーション能力を育てるための七つの基礎

第4章では、「認められたい」にはレベルアップの余地があり、そのためには〝適度な欲求不満〟や〝雨降って地固まる〟を含んだ人間関係が重要だ、と書きました。

とは言っても、そうした人間関係を成立させるには長い付き合いが必要で、それが難しい人もいるでしょう。これまで書いてきたように、「認められたい」のレベルが低い人は、承認欲求や所属欲求の要求水準が高いので、人間関係を始めるのも続けるのも人一倍苦労します。中学生ぐらいまでは、そうした「認められたい」のレベル差がそれほどつかないので、人間関係のハンディもそれほどではありませんが、大学生〜社会人になれば、ある程度のレベル差がついていることが多く、これまで「認められたい」で失敗を繰り返してきた人が挽回するのは簡単ではありません。

では、その簡単ではない「認められたい」のレベル差を挽回するためには、何が重要でしょうか？

第2章で私は、コミュニケーション能力について触れました。他人から承認欲求を充たしてもらう際には、見た目も含めて、コミュニケーションしやすい人のほうが有利ですし、コミュニケーションを妨げる要素は、できるだけ少ないほうが望ましいでしょう。第3章では触れませんでしたが、同じことは所属欲求にも、ある程度当てはまります。仲間意識や師弟意識を長続きさせるにも、コミュニケーションしやすい人のほうが、しにくい人より有利だからです。「認められたい」のレベルを上げるためには、長い付き合いが必要ですから、なるべくコミュニケーション能力の高い状態になっておいたほうが良いのは明らかです。もちろん、それを高めていくのは大変で、時間もかかります。しかし、いくつかの基礎をきちんと身に付けるだけで、コミュニケーション能力はかなり向上し、人間関係を助けてくれます。

幸いなことに、世間には、そういう基礎の重要性を軽視したまま「自分はコミュニケーションがうまい」とうぬぼれ、油断している人もたくさんいます。時間をかけて徐々にコミュニケーション能力を高めていけば、そのような人達に追いつき、追い越すことは十分に可能です。この第5章では、そのコミュニケーション能力を高めていくための重要な基礎について、コミュニケーションに苦手意識を持っている人が読んでいるという前提のもと、書き綴っていきます。

1　挨拶と礼儀作法

コミュニケーションに苦手意識を持つ人が「コミュニケーション能力が高い」と言ってまず連想するのは、魔法のように場の空気を操る人や、やたら人に好かれやすい人かもしれません。

でも、そういった「コミュニケーションの派手な効果」は、コミュニケーション能力が発揮されている状況のごく一部、いちばん目立ちやすいものでしかありません。サッカーの試合に例えるなら、ゴールの瞬間やドリブルで三人抜きを決めた瞬間みたいなもので、もっと地味なディフェンスやパスワーク、泥臭く走り続けることだって、本当は重要なわけです。「高いコミュニケーション能力」＝「派手な成功・誰にもわかるモテやすさ」と考えてコミュニケーション能力を高めようとするのは、地味なプレーを無視して、スーパープレーだけを〝上手なサッカーのお手本〟とみなすのと同じく、間違っています。

そして、どんなスポーツにも地味な基礎練習が必要なのと同じように、コミュニケーションにも、基礎の基礎に相当するものがあります。挨拶と礼儀作法は、その最たるものです。「挨拶と礼儀作法なんて、誰でもやってるじゃないか」と思う人もいるかもしれません。確かに、挨拶が全くできない・礼儀作法が全然なっていない人は少ないでしょう。ですが、いつでも挨拶がきちんとでき、礼儀作法を自由自在に使いこなせる人は、実のところ、決して多くはありません。十〜二十代前半の、まだ社会経験の乏しい年齢のうちは特にそうです。いつでもどこでもできるようになりたいなら、この基礎を練習する必要があります。

挨拶と礼儀作法を馬鹿にする者は、挨拶や礼儀作法に泣く――コミュニケーションの苦手意識を克服しようしていた二十代の頃の私は、やがてそう考えるようになりました。なにせ、あらゆる人間関係のあらゆる場面についてまわるわけですから、成功確率が90％でもまだ足りません。もし、10回に1回の割合で失敗していたとしたら、10回会えば1回は相手にちょっとした悪印象を与えかねず、20回会えば2回、30回会えば3回です。そうした場面に複数名が立ち会い「あの人、今日はどうしちゃったんだろう？」と思われてしまえば、人数倍の影響が出てしまいます。そして1回や2回では「あの人、今日はどうしちゃったんだろう？」程度にしか思われなかった挨拶と礼儀作法の失敗が、短期間に続けざまに発生すれば、「あの人、ちょっと顔を合わせづらいかな……」に変化するのに、それほど時間はかかりません。

挨拶と礼儀作法に習熟していない人は、ただそれだけで、新しいグループや職場に溶け込める確率を下げてしまいます。

ただ、毎回きちんとこなすと言っても、体調がすぐれない日には挨拶の声が小さくなるとか、礼儀作法がぞんざいになるとか、そういったこともあるでしょう。そんな日に無理して元気な挨拶をすれば「あいつ、今日も元気だな！」と誤解されてしまうかもしれず、だとしたら、体調がすぐれない日なりの挨拶の仕方がある……といった点まで考慮すると、挨拶と礼儀作法は、意外に奥が深いと言わざるを得ません。自分のコンディションや、周りの状況に合わせて微調整できるところまで習得できたら、たいしたものだと言えるでしょう。

そのうえ年齢を重ねるにつれて、挨拶と礼儀作法は「できて当たり前」とみなされがちですから、早めに身に付けておくに越したことはありません。逆に言うと、学生のうちから挨拶がきちんと身に付き、礼儀作法も心得ていれば、特に年長の人からは好印象を持ってもらいやすくなります。

なお、挨拶も礼儀作法も、本やインターネットで知識を手に入れることと、身に付けて実践できることの間には、かなりのギャップがあります。日頃から慣れておくことが肝心で、学生時代から面倒くさがらずやっておき、できれば就職するまでに習慣化しておきたいところです。もし挨拶する相手が少なければ、まずは家族を練習相手にしても構いません。毎日、なるべく上手な挨拶を心がけてみましょう。今の時代、検索すれば知識はすぐ手に入りますから、あとはどこまで自分の血肉にできるかです。

2 「ありがとう」

自分の気持ちは、言葉や態度にしなければ相手に伝わりません。

「ありがとう」「ごめんなさい」「できません」。こういった言葉は、自分の気持ちを伝えるためには必要不可欠で、態度や空気だけで伝えるのは、コミュニケーションの達人級の人でも困難です。

ありがとう——言えて当たり前だとおっしゃるかもしれませんが、意外とちゃんと言えていない人がいます。たとえば、お客さんや取引先の相手といったお金の絡む場面では「ありがとうございました」が言える人でも、お金やビジネスが絡まないプライベートな場面では「ありがとう」と言えない人はかなりいます。皆さんは、親やきょうだいに「ありがとう」を言えていますか？　それも、口をモゴモゴと動かすだけで済ませるのでなく、相手にこちらの意志がはっきり伝わるように言えているでしょうか？

親やきょうだいに「ありがとう」を言えない人は要注意です。そのような人は、友達や恋人と親しくなるうちに、親やきょうだいに対してと同様、いつの間にか「ありがとう」を言わない・言えない人になってしまう可能性大です。疎遠な相手に社交辞令として「ありがとう」と言えるか否かと、親密な相手にきちんと「ありがとう」と言えるか否かは、ほとんど別の能力なので、なるべく早くから身に付けておかないと、親しい人に感謝できない大人になってしまいます。

この「ありがとう」も奥が深く、ただ「ありがとう」と言えば良いわけではありません。謝意が軽く（だけど確実に）伝われば良い場合もあれば、感謝に加え恐縮していると伝わったほうが良い場合もあり、表情や身振りを交えて、そうした使い分けはできたほうがいいでしょう。

でも、コミュニケーションが苦手な人の場合、そういう凝った使い分けを意識する前に、まずは「ありがとう」という意志を確実に伝えるほうが重要です。そのためには相手をちゃんと見て、声は小さくてもいいので「ありがとう」とはっきり発声して、相手がその言葉を受け取った様子も確認するようにしましょう。そこまでできてやっと「ありがとう」と言えたのであって、口のなかでモゴモゴと呟いただけでは、できたとは言えません。

ある程度「ありがとう」が言えるようになり、嬉しい気持ちが伝わりやすい表情が伴うようになれば、かなりの水準です。「ありがとうって言う時は、笑顔になるに決まっているじゃないか」と反論する人もいるでしょうけど、実際はそんなに簡単じゃありません。自分では笑顔をつくったつもりでも、笑顔ができていなくて相手に伝わっていなかったり、意識して笑顔をつくったら、不器用な作り笑いになって気味悪がられた……なんて話はよくあります。

表情のつくりかたは、コミュニケーション能力のなかでも難しい領域ですが、自分自身が嬉しいと本心で感じている時は、無表情な顔をせず、表情をつくることを意識してみてください。子どもはともかく、成人になってから大袈裟にやり過ぎると「なにこの人……」とかえって引かれてしまうかもしれないので、「少し控えめに・でもはっきりと」がコツです。ときどき鏡に向かって練習してみるのもいいでしょう。

3 「ごめんなさい」

「ごめんなさい」をまともに使いこなせない人もたくさんいます。

精神科医として働きながら人間観察をしていると、「ありがとう」同様、仕事では「すみません」と言い慣れている人が、プライベートな人間関係では「ごめんなさい」が全然言えないといったパターンをよく見かけます。あるいは同性の友人関係では「ありがとう」も「ごめんなさい」も自然に言える人が、親密な異性にはちっとも言えていないケースも、少なくありません。

私は、たぶん日本人の半分ぐらいは、この「ごめんなさい」がきちんと使いこなせていないのだと思っています。「ごめんなさい」を巧みに使いこなせる人は、ただそれだけで、コミュニケーション能力のアドバンテージを持っているとみなして良いぐらいです。

ちなみに私は「すみません／申し訳ありません」よりも「ごめん／ごめんなさい」のほうが好きです。というのも、前者は「とりかえしのつかないことをしてしまいました」というニュアンスが宿っているからです。それに比べると、後者にはそういったニュアンスはありません。公の場面では「ごめんなさい」で済まないことも多いでしょうが、プライベートな人間関係では「ごめんなさい」のほうが使いやすいと思います。

「認められたい」のレベルが低い人にとって、「ありがとう」や「ごめんなさい」は口にしにくいばかりか、思い浮かべるのも難しい言葉です。しっかり褒められなければ充たされにくく、師匠や仲間への要求水準も高い人は、感謝や謝罪の言葉が口から出るより先に、「もっと認めてくれないのが不満」「あいつはここがだめだ」と、要求したり罰したりする方向に心が動きがちです。ですが、そんな調子では人間関係がどうしたってつくりにくくなってしまいます。

心理学には「返報性の法則」という概念があります。これによれば、人間は何かをしてもらったと感じると、何かお返しをしたくなる性質を持っているのだそうです。「ありがとう」「ごめんなさい」といった言葉をかけてくれる人には、同じように振る舞いたくなるものですが、それらの言葉をちっともかけてくれない人には、「ありがとう」も「ごめんなさい」も言いたくなくなってしまうのが人の常です。

だとしたら、「ありがとう」や「ごめんなさい」を言ってもらえる人間関係を持ちたいなら、自分も言えなければどうにもならないわけです。一度きりしか会わない相手ならいざ知らず、何度も顔を合わせる相手とは、お互いに「ありがとう」と「ごめんなさい」が言い合える間柄になっておきたいものです。

4 「できません」

コミュニケーションのすべてが「ありがとう」と「ごめんなさい」で済ませられれば、こんなに簡単なことはありません。ときには、お願いされたことを断らなければならない場面もあるでしょう。

「認められたい」のレベルが低い人のなかには、この「できません」を言うのが大層苦手な人がたくさんいます。なぜなら、〝雨降って地固まる〟人間関係の経験が乏しい人には、自分が何かを断るのも、相手に何かを断られるのも、どちらも人間関係の全否定のように感じられやすいからです。

小さい頃から「ちょっとぐらい断ったり喧嘩したりしても人間関係は壊れない」と実感している人にとって、ひとつひとつの「できません」は人間関係を揺るがすものではなく、日常的な言葉と捉えられるでしょう。しかし、そうした体験が乏しい人には、人間関係を揺るがす言葉として捉えられてしまいます。相手側が日常的な「できません」だと思っている場合でさえ、なかなかそうだと信じられません。

断るのは「ありがとう」「ごめんなさい」よりも難しい行為です。しかし、スケジュールや先約があって、どうしても断らなければならない場面もあるでしょうし、こちらの事情を詳しく知らない人が、苦手なことを頼んでくる場合もあるでしょう。なにより、「NO」というメッセージを相手にわかるかたちで伝えない限り、相手のほうは「YES」に違いないと思い込んだままです。だから「できません」と伝える術を身に付けないまま、適当に「はい」「はい」と応じ続けていると、大変なことになってしまいます。

なら、具体的にどうやって、「できません」というメッセージを伝えられるよう練習すれば良いのでしょうか。

「認められたい」のレベルが低い人にとって、断りたくても断りにくい場面は、心拍数が跳ね上がります。半分パニックに近い気持ちになる場合もあるかもしれません。つい混乱したまま「わかりました」と答えてしまうか、後になって悔やむほどぶっきらぼうに「できません！」と言ってしまうこともあるでしょう。前者はコミュニケーションの失敗ですが、後者も断った後の人間関係が悪くなる可能性が高いので、成功とは言えません。

だからもし、自分が何かをお断りしなければならなくてドキドキしてきたら、まず落ち着くことが大切です。完全に落ち着くのは無理でも、少しでも自分の気持ちが落ち着くよう、精いっぱいあがきましょう。息を深く吸い込むだけでも効果はあります。メールやSNSで無茶な頼みごとが舞い込んできた場合も、すぐ返信せず、まずは時間を取って、自分を落ち着かせましょう。散歩や軽い運動をしたり、飲み物を口にしたりするのが良い人もいるかもしれません。

ドキドキしながら口が滑ったように返答すると、引き受けても断っても、後で後悔しやすいものです。たとえ「正解」に限りなく近い返答ができたとしても、「本当にあれで良かったのかな？」と考え込む余地が生まれてしまいます。そうなりやすい人は、自分はそういう時にドキドキしやすいとあらかじめ心得たうえで、いかにドキドキしない状態で断れるかを考え、それを言葉にできるか、あれこれ工夫をしてみてください。

それと、自分が引き受けた回数と断った回数を、カウントしてみるのもいいでしょう。どれぐらい自分が頼み事を引き受けていて、どれぐらい断っているのかをだいたい把握すれば、「ちょっとぐらい断ったっていいじゃないか」「いやいや、そろそろ引き受けるべきかな」といった判断を、落ち着いてできるかもしれません。この手の〝貸し借り〟を厳格に勘定すると気が滅入るので、やり過ぎも考えものですが、人間は、やってもらったことには鈍感で、やってあげたことには敏感なので、具体的に数え上げてみると、意外な事実に気づけることもあります。

もしも、誰かから一方的に、無理なお願いを引き受けているとわかったら……そもそも、そんな厄介な相手との人間関係を続ける意味があるのか、考え直したほうが良いでしょう。ただし学校や職場の人間関係は選べないことも多く、すぐには解消できないかもしれませんが。

残念ながら、「できません」には、決め台詞や必殺技のようなものはありません。断った後のフォローの仕方や、周囲の人間に与える印象など複雑な因子が絡みやすく、「毎回これさえやっておけば大丈夫」という安全確実なテンプレートがないのです。だからといって「できません」から逃げ続けていれば、「あの人は何を言っても断らない人」と思われてしまうのがオチで、一生懸命に頼み事を引き受けている割には、相手はあなたへの感謝の念をあまり感じてくれません。「できません」が言えないストレスを溜めながらの生活は、メンタルヘルスにも良くないので、不慣れな人でも、できるだけ伝えるよう努めたほうが良いでしょう。

コミュニケーションや人間関係は、たったひとつの言動で完成したり破綻したりするものではなく、日々の積み重ねによって少しずつ方向付けられ、はたと気づいた頃には成否があらかた定まってしまっているものです。だから私は、その日々の積み重ねのなかで小さくないウエイトを占めている、挨拶と礼儀作法、「ありがとう」、「ごめんなさい」、「できません」を侮らず、基礎として身に付けましょうと強調しているわけです。

5　コピペ

ここまで書いてきた四つの基礎を実践したとしても、それだけではコミュニケーション能力を高めるには不十分かもしれません。

そこで私が強くお勧めしたいのは、自分の身の回りにいる、コミュニケーションの上手な人達や「認められたい」のレベルが高そうな人達をじっと観察し、彼らのいいところを〝コピペ〟する、つまり真似ることです。

これを強くお勧めするのは、私自身がそうしてきたからです。十〜二十代の頃の私は不登校時代の影響を引きずっていて、他人と上手にコミュニケーションできる自信がぜんぜんありませんでした。昔の私は、何かを言うべき時にきちんと意志表示できず、どうでもいい時に心ない言葉を言ってしまい、友人知人や先輩がたとのコミュニケーションがチグハグでした。それでかなり損をしましたし、相手には迷惑をかけたと思います。

ただ幸いなことに、私は損をしっぱなし・迷惑をかけっぱなしではありませんでした。私は自分よりも「認められたい」のレベルが高く、コミュニケーションも上手だと感じた先輩や友達から、コミュニケーションのやり方をコピペしまくっていたのです。

コピペは〝まず形から入る〟ことになりますが、お手本になる人は自分自身とは違う人間ですから、「ちょっといいな」と思った言い回しや身振りを、そのまま真似てもうまくいきません。うまくいかない理由は、間違った場面で使っているからだったり、相手と自分の人望の差だったりさまざまですが、コピペの成功／不成功を分ける条件をしっかり考え、自分でも真似できそうなものを場面を絞って実践すれば、うまくいく確率は高くなるはずです。その後も自分向きにアレンジしていけば、いずれは自分のコミュニケーションの手札になるでしょう。

もし、あなたのコミュニケーション能力が本当に出遅れているなら、あなたの周囲には無尽蔵に「自分よりもコミュニケーションの上手なお手本」がいるはずです。自分と性格が似ているけれども、もう少し上手に立ち回っている人もいるでしょう。そういう人を、全部参考にしてみてください。

ただし、コミュニケーションをコピペしろと言っても、観察や模倣の精度が低く、場面を絞り込まずに使ってしまえば失敗しやすく、失敗を繰り返していると、真似するのが嫌になってしまいます。ですから、まずはお手本を、できるだけ高い精度で観察しておく必要があります。

もうひとつ重要なのは、コミュニケーションのお手本となる友達や先輩に、仲間意識やリスペクトを感じられるなら感じておくことです。

「あの人には憧れる」「あの人みたいになりたい」といった所属欲求にモチベートされているのと、「あんな奴は嫌いだ」と思っていてモチベートされていないのでは、コミュニケーションをコピペする精度が断然変わってきます。どうしても好きになれない相手や、不満を感じる相手からより、自分がリスペクトや仲間意識を感じている相手からのほうが、多くのことを学び取りやすいのです。

そのうえ大抵の人間は、リスペクトや仲間意識には敏感なので、自分にリスペクトを払ってくれる人が、自分を真似ようとするのを嫌がりません。なぜなら、あなたからリスペクトや仲間意識を持たれることによって、彼らの承認欲求や所属欲求が充たされるからです。ときにはリスペクトしながら真似ているうちに、そのお手本の人から好意を獲得できることさえあります。

たとえば部活の時間、先輩をお手本として一生懸命に真似ようとしている後輩がいて、そこに先輩への憧れや尊敬のまなざしが伴っているとしたら、先輩の承認欲求や所属欲求が充たされるはずです。そして視線を向けず、真似ようともしていない後輩よりは、その後輩のことを大切に思い始めるでしょうし、後輩が自分の真似をしようとするのを悪くは思わないでしょう。

これは、部活そのものの練習方法やスキルについてだけでなく、コミュニケーション上の言い回しや身振りについても当てはまることで、社会人になった後も、先輩と後輩、上司と部下、仕事を教える側と教わる側の間で、しばしば起こる現象です。このため、所属欲求のレベルが高く、他人にリスペクトや仲間意識を感じやすい人のほうが、コミュニケーションのコピペを首尾よく行うことができます。

もし、あなたが所属欲求をいくらか充たし慣れていて、他人の行動を粘り強く観察できるなら、この方法で片っ端からコピペを繰り返せば、コミュニケーション能力はどんどん伸びていくはずです。あれもこれも全部、自分の手札にしちゃいましょう。

こうやっていろいろな人のコピペを続けていると、「美男美女だけがコミュニケーション上手」説が正しくないことにも、だんだん気づいてくるのではないかと思います。人生経験の乏しい男子女子ならいざ知らず、一定以上の人生経験を積んだ人間、実のある人間関係を追求している人間は、顔立ちの美しさに頼ることなくコミュニケーションを鍛錬し、それぞれ持ち味を磨いていると気づくはずです。持って生まれた顔立ちよりも、挨拶と礼儀作法・「ありがとう」「ごめんなさい」「できません」の使い方・長年かけて向上させてきた持ち味のほうが最終的にはモノを言うことが、コピペを繰り返しているうちにわかってくるでしょう。

6 外に出よう

ここまで書いてきたことを実践しようと思っても、「失敗したらどうしよう」と不安に感じた人もいらっしゃることでしょう。

でも、今は昭和時代のような村社会ではないのですから、だったらいっそ、普段の人間関係の外側で練習をしたって良いのではないでしょうか。

いつもの学校や職場の人間関係で、新しいコミュニケーションを試しにくいなら、新しい場所に出ていって、新しい人間関係のなかで練習すれば良いのです。たとえば、知らないお店でアルバイトをしてみたり、今まで素通りしていたカフェや居酒屋に立ち寄ってみたりするだけでも、意外な人間関係、意外なコミュニケーションが始まることがあります。そういう場所でのコミュニケーションなら、「ちょっと無理だな」と思った時にも撤退しやすいですし、これまであまりやったことのないコミュニケーションを〝実験〟してみることもできます。

新しい人間関係は、インターネットを使えばもっと広げられます。2017年現在、インターネットの使い方の主流は、知り合い同士をSNSやLINEで繋げることですが、昔のインターネット愛好家がやっていたように、趣味や話題ごとに顔の知らない者同士がネットで集まり、オフ会で親交を深めることだってできます。ネットの出会いは、その大半は長続きしないかもしれませんが、新しいコミュニケーションの可能性を試すにも、さまざまな人間に出会ってさまざまなコミュニケーションの持ち味を学ぶにも、良いチャンスを与えてくれます。

ただし、繰り返しになりますが、インターネットの向こう側の、誰とも知れない人と接点を持つ際には、注意深さが必要です。個人情報はむやみに開陳しない等、オフ会ならではの作法も知っておくべきでしょうし、念のため、危険な人間が交じっていないか警戒しておくべきだとも思います。特に女性が初対面の男性と会う際には、十分過ぎるほどの注意が必要です。

こうした条件をクリアできさえすれば、あなたは今までの人間関係に縛られることなく、ここまで書いてきた基礎を実践できるでしょう。

第4章末（P124）で触れたように、インターネットの人間関係は非常に自由なので、ゆくゆくは心理的な共通点を持った〝似た者同士〟が、つるむようになっていくはずです。しかし、ことコミュニケーション能力を磨くという点では、それも案外悪くないかもしれません。なぜなら、自分と共通点を持っている人の、自分よりも上等で洗練されたコミュニケーションを見て学ぶチャンスに、巡り合いやすいわけですから。とりわけ、自分との共通点が多く、年上でいろいろな経験をしていそうな人に巡り合ったらチャンスです。その人をリスペクトし、コミュニケーションをコピペできれば、あなたのコミュニケーション能力の手札を、比較的簡単に増やせるでしょう。

7 体調を管理しよう

外の世界での新しいコミュニケーションは良いものですが、いつでもやっていいわけではないので、そこを補足しておきます。

そもそも慣れない場面でのコミュニケーションは疲れます。初対面では誰だって緊張したり気を遣ったりしますし、そうした場面で、いつもと違ったコミュニケーションを試みたり、他人からたくさん学び取ろうとアンテナを張り巡らせたりすれば、体力と精神力を消耗するものです。うまくいかなかった場合に疲れるのは当然ですが、うまくいっても、舞い上がって疲れに気づけず、後になって体調がどっと崩れることがあります。「勝って兜の緒を締めよ」ということわざがありますが、見知らぬ人とコミュニケーションをした後は、勝っても負けても〝自分は消耗している〟という自覚を持ったほうがいいでしょう。

多くのコミュニケーション指南本が書き落としていることですが、コミュニケーションに苦手意識を持っているけれども上達したい人は、「自分は人一倍コミュニケーションによる消耗が早い」と頭に叩き込んでおくべきです。不慣れなことをしているわけですから、いつもの相手よりも神経を遣い、疲れやすいのが道理なのです。

　そして消耗が度を超せば、メンタルヘルスに悪影響をもたらし、メンタルヘルスが悪化してくれば、判断力や観察力が曇ってきます。だから、コミュニケーションを上達させるために新しい人間関係で練習をしたいなら、いかに自分自身の消耗を弁《わきま》え、コンディションの良いタイミングで挑戦するかが重要です。判断力や観察力が曇ってしまっては、ここまで書いてきたことの実践は難しいでしょうから、そういう時は素直に休みましょう。

　とはいえ、進学や就職といった局面では、新しいコミュニケーションに否応なく直面させられるため、休んでばかりもいられません。そういう時期は、コミュニケーションによって激しく消耗することを見越して、いつもより睡眠時間を多めにとる・食事は三食きちんと摂る・疲れたと思ったら休む時間を確保する……といった、体調管理の工夫を怠らないようにして、回復重視の姿勢でいきましょう。

　私は、コミュニケーション能力の基礎には「体調管理の能力」も含められると思っています。不規則な生活をしても平気な年頃の人は軽視しがちですが、コンディションが悪いままでは、どうしたって気分にムラが出てしまい、集中力にも翳《かげ》りが生じてしまいます。朝食を食べない・きちんと夜寝ない・ダイエットのために偏った食生活をしている――それらはすべて、あなたのコミュニケーション能力とその成長を妨げ、メンタルヘルスを悪化させかねない危険な要素です。

　五月病のシーズンに具合が悪くなって、心療内科や精神科を受診する人を眺めていると、体調管理を軽視したまま、新しいコミュニケーションに臨んでいる人が珍しくありません。コミュニケーションの苦手意識を持っている人ほど、体調管理をおろそかにすべきではありません。

　インターネットを使って新しいコミュニケーションを始める場合も、体調が安定している時期を選んでやるべきでしょう。進学や就職とは違い、自分が望むタイミングでコミュニケーションをスタートできるのですから、時機を見計らったほうが絶対にお得です。反対に、体調があまり良くない時には、回復するまでは馴染みのメンバーと、負担にならない程度のコミュニケーションだけしましょう。

　何事につけ、苦手なことに挑戦するなら、できるだけ良いコンディションで挑んだほうがうまくいきます。コンディションが安定している時に冒険し、すぐれない時は回復と日常生活優先――そんな当たり前のことを心がけるだけでも、コミュニケーションの成功確率や、人間関係の安定性は高まります。自分のコンディションを見極める習慣をつけましょう。

時間をかける

　ここまで書いてきた七つの基礎を実践しても、一日二日でコミュニケーション能力が跳ね上がるわけではありません。「俺は今すぐ高いコミュニケーション能力が欲しいんだ！」という人には、本章に書かれた方法は、どれも物足りなくうつるでしょう。

しかし私の知る限り、コミュニケーション能力を本当の意味で成長させるには、時間をかけた取り組みが必要不可欠で、これを避けて通ることはできません。スポーツの上達に、地道な体力づくりや練習が必要なのと同じです。コミュニケーションにも、練習や実践の積み重ねが欠かせず、「読んだだけでコミュニケーション能力が向上する本」なんてあるわけがないのです。「読んだだけでコミュニケーション能力が向上したと錯覚させる本」なら、あるかもしれませんが……。

本書がお勧めするコミュニケーション能力の鍛え方は、積み重ねを必要とするものばかりで、数年単位の時間が必要でしょう。私自身を振り返ってみても、一年間でコミュニケーション能力が格段に向上したことなんてなく、数年経って過去と比較してみて「あれっ、昔よりうまくなってるぞ？」と、ようやく気づくような感覚でした。

だから一年程度の取り組みでコミュニケーション能力が向上しなかったとしても、どうか落ち込まないでください。コミュニケーション能力は、本章で書いてきた七つの基礎の地道な積み重ねによって、気づかぬうちに高まっていくはずです。

しかし一方で、こうした取り組みを意識しなくても、五年、十年と社会経験を積み重ねれば、どんな人でもある程度は、自然にコミュニケーション能力が伸びていくものです。

ただし伸び率には個人差があります。社会経験を積むにつれて、コミュニケーション能力を順調に伸ばしていく人もいる一方で、あまり伸びない人もいるでしょう。だからといって、数年前の自分自身と比べて、コミュニケーション能力が全然伸びていない……なんて人はいっそ稀です。例外は、誰とも会わず、誰とも話さなくなって、社会経験を積まなくなってしまった場合ぐらいでしょうか。

つまり、本章で紹介したコミュニケーション能力を育てるための基礎とは、煎じ詰めればこの「コミュニケーション能力の自然増加の、その効率性を高める」ための方法にほかなりません。この七つの基礎を理解し、実践することで、コミュニケーション能力の伸び率を高くできるわけです。

人間は急には変われません。しかし長い時間が経てば人間は変わっていくし、変わっていかざるを得ません。だったら、その長い時間のなかで、少しでもコミュニケーション能力を伸ばしやすい状況をつくったほうが、人間関係やコミュニケーションを、実り多いものにできるのではないでしょうか。私はいつもそう思っていますし、たえず実践してきたつもりです。

「明日にでもコミュニケーションが上手になりたい」と、焦った気持ちで事を進めるのは得策ではありません。そうではなく「長い時間を味方にしてコミュニケーション能力をじっくり伸ばす」ぐらいの気持ちで、これらの方法を実践してみてください。時間をかければかけるほど、変化の度合いも大きくなるのですから。結果を急ぐのは間違っています。

モテなくてもいいんです

本章の結びとして、「どんなコミュニケーション能力を求めるべきか」にも触れておきます。

これまでにも触れてきたように、現代社会では承認欲求のほうが、所属欲求よりも注目されがちです。だから「モテたり、注目を集めたりできないやつは、コミュニケーション能力が低い」と思い込んでいる人もいるかもしれません。テレビやインターネットの人気者を眺めているうちに、彼らこそが見習うべきお手本だと、勘違いする人もいるでしょう。

しかし、あなたが幸福になるために――もう少し控えめに、できるだけマシな人生を過ごすために――必要なコミュニケーション能力とは、そういった「モテ」の方向にあるのでしょうか？

私が見聞きしている限り、たとえば有名芸能人がみんな幸福をきわめているかと言ったら、そうとも言えないようです。あれほどの知名度で、あれほどモテモテになっても、幸福になれるとは限らないのです！　異性を次々に魅了していく恋愛の達人にしても、それに満足しているというより、恋愛をやめられない・やめたら止まったマグロのように死んでしまいそうな人が目につきます。

私自身を振り返っても、ブログを数万～数十万の読者さんに読んでいただき、そこで承認欲求が充たされていると自覚はしていても、それが私の幸福の基盤をなしているとは思えません。むしろ、身のほどを超えた注目を、現在は持て余しています。しかも「承認欲求は貯められない」ときているのですから、どれだけ注目されたとしても、老後まで承認欲求を貯蓄できるわけでもありません。

だから私は、不特定多数から承認欲求を充たせるようになっても、大多数の人が思い描くような幸福には辿り着きにくいのではないか、と考えています。

「第一印象をひたすら良くする」「Instagramにかわいく写る」といった、不特定多数にモテるためのコミュニケーション能力を鍛え続ければ、初対面の場面では、承認欲求を充たしやすくなるかもしれません。が、それらばかり鍛えて、〝雨降って地固まる〟が成立するような人間関係のためのコミュニケーション能力の鍛錬を疎《おろそ》かにしていれば、身近な生活上の「認められたい」が充たされにくい状況に陥ってしまいます。

ただし、不特定多数にモテるためのコミュニケーション能力と、〝雨降って地固まる〟が成立するような人間関係のためのコミュニケーション能力には、共通する部分もあります。「ありがとう」「ごめんなさい」「できません」がうまく伝えられるようになれば、身近な人だけでなく、誰からも好かれやすくなるはずです。「コミュニケーション能力を磨いているうちに、いつの間にかモテていた」という展開は、決して珍しいものではありません。

不特定多数からモテなくても、幸せに暮らしている人などいくらでもいます。友人・家族・会社の同僚との日常的な人間関係で満足している人は、スポットライトの当たる場所で活躍している有名人より、よほどたくさんいます。コミュニケーション能力は、有名人ではなく、そういう人からコピペするべきです。

ほとんどの人間にとっての幸福は、際限のない承認欲求や、カルト的な所属欲求に支えられるのではありません。もっと身近で、もっと少ない人数で、人間関係の持続期間が数年～数十年単位の、そういう人間関係が、人間に幸福をもたらします。そのような「認められたい」の繋がりを、世間では「愛」や「友情」と呼ぶのでしょう。ならば、コミュニケーション能力を磨いていく方向性もまた、そういった身近な「愛」や「友情」に向いているほうが、うまくいくのではないでしょうか。

ただ、世の中にはまさにその「身近な人間関係が難しい」という人もいます。「友達未満→友達→親友」「異性の友達→恋人未満→恋人」といった付き合いの濃淡による距離感の違いが掴めなくて、コミュニケーションに失敗してしまう人もいるでしょう。そこで次章では、そういった人間関係の距離感の問題について、説明してみようと思います。

第6章

人間関係の距離感

ほどほどの距離感を見失った「認められたい」は難しい

コミュニケーション能力が高くなれば、中長期の人間関係も成立しやすくなり、その結果「認められたい」もレベルアップしていきます。が、いかにもコミュニケーション能力が高そうなのに、人間関係が深まり、互いの距離が近くなるにつれて、認め合うのが難しくなる人もいます。

仕事上の付き合いではなにも問題なかったのに、プライベートで親密になるとトラブルを起こす人。恋人や配偶者になったとたん、手に負えなくなってしまう人。こんな人達を、あなたも見たことがありませんか？

そこで第6章では、どこまで相手に心を寄り添わせるのがちょうど良いのか、どこまで他人に親密さを求めて構わないのか——そうした人間関係の距離感について、文字にしてみたいと思います。

第4章で私は、親身な男性と結婚したら豹変してしまった女性を紹介しました（P118）。人間関係の距離が近くなったからといって、あそこまで豹変してしまう人は稀ですが、友達だった頃にはうまくいっていたのに、恋人になったとたんうまくいかなくなる人は、珍しくありません。

精神分析の世界では、こういった人間関係の距離感についてまわる悩みを、「ヤマアラシのジレンマ」という言葉で表現してきました。ヤマアラシとヤマアラシが寄り添いたいと思っても、近づき過ぎれば、お互いのトゲが刺さって傷つけ合ってしまうし、さりとて遠ざかり過ぎれば、寂しくなってしまう。人間関係とはこのようなもので、お互いに痛くない距離を見つけていかなければ、うまくいかない——というのが「ヤマアラシのジレンマ」です。

しかし、お互いに傷つけ合ってしまうような、しんどい「ヤマアラシのジレンマ」を回避するのは、できる人には簡単でも、できない人には難しいものです。とくに「認められたい」のレベルが低い人の場合、相手に対して「認められたい」を求め過ぎてしまうか、反対に求めてはいけないように感じるかして、それらが相手との距離感に反映されがちです。その結果、近づき過ぎてしまってお互いに傷つけ合ってしんどくなるか、逆に恐ろしく遠い距離になってしまって人間関係を築けないか——このどちらかに、陥ってしまうのです。

だとしたら、このジレンマの落としどころを見つけなければならないのですが、一体どうすれば良いのでしょう。相手との距離感を、意識的に制御することはできないものでしょうか？

私は、完全には無理でも、ある程度まで制御可能だと思っています。少なくとも、「ヤマアラシのジレンマ」を軽くすることはできるはずです。

人間関係の急接近は要注意！

世の中には、人間関係の間合いを詰めるのがとても上手な人がいます。読者の方のなかには「深い人間関係をすぐにつくれる人＝人間関係の達人」だと思っていて、たとえば、すぐに誰とでも親友のように付き合えたり、簡単に恋人をつくれたりする人が、うらやましい人もいらっしゃるでしょう。

しかしそうした人のなかには、人間関係の達人とは言い難い側面をあわせ持った人もいます。猛スピードで親密になれるけれど、喧嘩別れやトラブルに陥るのも猛スピード、なタイプです。さしずめ「人間関係を近づけるのは得意でも、近づき過ぎていつも衝突してしまう人」といったところでしょうか。

そうした人は、いわば、ヤマアラシの針に突進しているようなものです。間合いを詰めるのを急ぎ過ぎると、〝適度な欲求不満〟や〝雨降って地固まる〟が成立するような人間関係をつくるのが、難しくなってしまいます。

急接近する人間がいるということは、急接近される人間がいるということでもあります。進学や転職、あるいはオフ会のような初対面の場面で、心理的な間合いを一気に詰められたことはありませんか？　ここでいう〝一気に間合いを詰められる〟とは、初対面から数時間しか経っていないのに、その相手になんでも心が許せる気がしたり、自分を理解してくれる人が現れたと思い込んだりするような状況です。そういう時は有頂天な気持ちになりやすく、それを麻薬のように欲しがる人もいるようですが、そうやって一足飛びに心理的な距離を詰められてしまうと、しんどい「ヤマアラシのジレンマ」を避けづらくなってしまいます。

それと、そうやって急接近してくる相手が年上の人間の場合は、はじめから短期的な人間関係を狙い、あなたをなにかに利用してやろうと企てている可能性もあります。逆に、そうした相手が社会経験の乏しい若者の場合は、距離感を適切にコントロールできず、計画ずくではなく無意識のうちに、あなたの心をこじ開けようとしているのかもしれません。どちらにせよ、円満に人間関係を続けるのは、簡単ではありません。

あなたがしんどい「ヤマアラシのジレンマ」を避けたいなら、自分自身の心が誰かに急接近されていると気づいた時——特に、相手が理想的に思えて仕方がない時——には、こちらから近づく速度だけでも落としましょう。自分と相手の気持ちに何が起こっているのか立ち止まって考えるべきで、おかしいと思ったら、年上の信頼できる人に相談してみるのもいいかもしれません。

そしてもし、こうした急接近の結果として痛い目をみてしまった場合は、せめてそこからなんらかの教訓を得て、これからの人間関係に生かしてください。相手を恨んだり嫌悪したりしておしまいにするだけではなく、自分自身の教訓も得なければ勿体ないです。

自分がしんどい関係は相手もしんどい

「そうは言っても、どれだけ距離を詰められたらまずいのかわからない」と言う人もいるでしょう。実は、そうした人でも「これは心理的に近づき過ぎているぞ！」と気づきやすい指標があります。

それは、「相手のことを四六時中考えてしまって、心が苦しくなる／強い不満や苛立ちを感じる」です。

もちろん心理的に近いことが、必ず悪いわけではありません。たとえば「すごく好き」とはっきり自覚できる時も、自分の心は相手に近づいているはずですが、だからといって相手に近づき過ぎているかと言ったら、そうとも限りません。「すごく好き」という自覚があっても、心理的な間合いをうまくとれている人も、世の中にはたくさんいます。

他方、「相手のことを四六時中考えてしまって、心が苦しくなる／強い不満や苛立ちを感じる」心境は「すごく好き」の反対、つまり、相手から遠ざかっているように思えるかもしれません。しかし、相手のことを始終考えて苦悩しているのも、それはそれで「すごく好き」と同じく、自分の心が、相手に近づき過ぎているのではないでしょうか。

「すごく好き」の反対は「不満や苛立ち」ではなく、「無関心」です。が、心理的に近づき過ぎている時には、この「無関心」でいることが難しく、考えなくても良い時まで、相手のことを考えてしまいます。

日本語には〝愛憎〟という言葉もあります。「すごく好き」と「心が苦しくなる／不満や苛立ちを感じる」の両方が自覚される時などは、まさにこの言葉どおりで、これも心理的距離が近づき過ぎていると考えて間違いありません。そして「ヤマアラシのジレンマ」とはうまく言ったもので、自分がこのような気持ちに苦しんでいる時には、相手も苦しんでいたり、困っていたりするものです。そうした苦しみを和らげるためには、お互いに心理的な距離を遠ざけるほかありません。

こうしたしんどい「ヤマアラシのジレンマ」は、精神医療の場でも頻繁に目にします。たとえば、喧嘩が絶えないのに離れられない夫婦や、社会的引きこもりの息子と母親の間柄には、まさに〝愛憎〟としか言いようのない、苦痛に満ちた密着関係がしばしばみられます。ときには、精神医療の従事者と患者さんとの心理的距離が近くなり過ぎて、似たような苦しい状態に陥ることもあります。

精神医療のプロでさえ、こうした心理的な距離感を制御するのは簡単ではない、ということです。心理療法（カウンセリング）、とくに精神分析系の心理療法のなかには、毎週、長時間にわたって突っ込んだ内容を取り扱う手法もありますが、そのような心理療法は、カウンセラーと患者さんとの心理的距離が一気に縮まりやすく、しんどい「ヤマアラシのジレンマ」を避けるのは大変です。

実は、治療者と患者さんの心理的距離をちょうど良く保つという点では、精神科の診療面接は「面接時間が長く、頻度が高くなるほど難しく」「面接時間が短く、頻度が低くなるほど簡単」になるのです。患者さんとしては、長時間話を聴いてくれる精神科医やカウンセラーに診てもらいたいと思うかもしれませんが、誰にも言いにくいような話を、長時間聴いても問題が生じないようにするのはプロでも難しく、長時間の面接が、最善の結果をもたらすとは限らない点は、豆知識として覚えておいてください。

もちろんこのあたりは、患者さんの重症度、精神疾患の種類、入院治療か外来治療かなどによっても違いがあります。が、いずれにせよ、ある程度経験を積んだ精神科医は、患者さんとの心理的距離を詰め過ぎないよう、面接時間や頻度、果ては診察室のインテリアや間取りまで、あれこれ工夫を凝らしているものですし、私自身もそうしたことに注意を払いながら、診療面接を行っています。

「毒親」と「ヤマアラシのジレンマ」

こうした「ヤマアラシのジレンマ」が、人生の最初から最後まで問題になり得るのが、親子関係です。

いまどきの親子の心理的距離、特に母親と子どもの心理的距離は、密着したものになりがちです。その一面は、母と娘が何歳になっても友達親子を続けるようなかたちで、また別の一面は、マザコン息子のようなかたちで、60年ほど前からクローズアップされてきました。

親子の心理的な距離が密着してしまう背景は、家庭それぞれによってさまざまですが、社会全体としてそうなりやすくなったのは、子育ての環境や方法が激変したことが、重要な要因ではないかと私は考えています。

かつては地域共同で行われるのが一般的だった子育ては、核家族単位で行われるようになりました。共働きの世帯が増え、子どもが保育園や塾で過ごす時間も増えましたが、どこにどれぐらい通うかは親の裁量によって決められ、小学校進学後も、常に親が面倒をみて、教育方針を決定しなければなりません。最近は、婚活にまで親が関わるという話を耳にしますが、これなども、親が子どもの面倒をみる期間が長引き、成人以後も、親子の距離感が近いままである現状を、反映していると言えるでしょう。

昔だったら親以外の地域の年長者達がみていたであろう、小学生以上の子どもの面倒まで、親（とくに母親）がみるようになったのです。親が子どもの教育を自由にデザインできるという面では好ましい変化ですが、反面、これでは子どもの「認められたい」に占める親の比重が小さくならず、親子の心理的距離もなかなか離れません。

かつて、人間の成長や発達について研究したエリック・エリクソン（Erik Erikson）という心

図5　エリクソンが示した、子どもの発達に伴う人間関係の広がり
（エリクソン『幼児期と社会』をもとに筆者が要約したもの）

発達段階	社会半径（重要な人間関係）の範囲
乳児期（誕生）	母親的人物
早期児童期（18か月頃〜）	複数の親的人物（父親など）
遊戯期（3歳頃〜）	基本的家族（血縁者）
学童期（5歳頃〜）	地元の学校、近所の親しい人
青年期（第二次性徴〜）	地元内外の人間関係、手本になるリーダー

理学者が学説をまとめた際、人間が成長とともに社会半径（＝重要な人間関係）を広げていくさまを図5のようにまとめました

エリクソンによれば、生まれて間もない赤ちゃんの社会半径は、母親に世話される狭い範囲に限られ、「認められたい」の充足も含め、すべてが母親頼みです。この頃の赤ちゃんと母親の心理的距離はほとんどゼロですが、赤ちゃんはもちろん、子育てのスイッチが入った母親も「ヤマアラシのジレンマ」にはあまり苦しみません。

順当に成長すると、子どもの社会半径は徐々に広がり、「認められたい」の対象もそれに合わせて広がっていきます。父親・祖父母・近所の年長者なども「認

められたい」を担う対象に加わり、もう母親だけが子どもの「認められたい」の供給源ではありません。ときには母親を離れていろいろやりたがるようにもなり、そういう時に母親がおせっかいを焼こうものなら「自分でやりたいの！」と主張したりもします。赤ちゃん時代に比べて母親との心理的距離が離れ、自立の芽生えになると同時に、「ヤマアラシのジレンマ」のはじまりにもなります。

さらに成長し、思春期を迎える頃には、社会半径は成人並みに広がり、親からの自立を求める気持ちはいよいよ強くなります。第4章でも触れましたが、ここまで来ると親から認められているだけでは、子どもの「認められたい」気持ちは充たされません。親子間の「ヤマアラシのジレンマ」も、一層きつくなります。

ですから、エリクソンの学説に沿って考えるなら、親子の心理的な距離は、年齢とともに離れていくのが順当で、思春期を迎えてからは子どもの「認められたい」に占める親の存在感が薄まっていくぐらいで、ちょうど良いことになります。

ところがさきに述べたとおり、親に子どもの面倒をみる責任が集中した状態が長引くようになったため、親の子離れも、子どもの親離れも、昔より大変になりました。こうした現代的な子育てスタイルでは、先生や友達といった家庭外の人間関係までもが、親に紐づけられてしまいがちです。その結果、こんな風に子どもに言う母親が増えます。「あんな子と遊んじゃいけません！」「先生の言うことより、私の言うことをききなさい！」

にもかかわらず、子どもが社会に出る頃や配偶者を求める頃になると、突然に親から「自立」や「親離れ」を期待されるのです。親の側も子の側も、密着していた心理的距離をいきなり離すのは困難です。子どもが実家の世話になり続ける場合などは、特にそうでしょう。地域社会が介在して、徐々に進んでいったはずの親離れ・子離れが、子育てスタイルや子育て環境の変化によって、進みにくくなってしまいました。

こうした状況では、子どもが自分の知らないところで新たな人間関係をつくっていくことに、不安を感じる親御さんもいると思います。子どもを介してしか、自分自身の「認められたい」を充たせない親御さんの場合は、子どもが自分から離れていくと、「認められたい」に飢えてしまう……と感じるかもしれません。が、親子といえども、思春期を過ぎてなお心理的距離が近いままでいれば、しんどい「ヤマアラシのジレンマ」に突入しかねません。

昨今書店でみかける、いわゆる「毒親本」にも、子どもをがんじがらめにコントロールしてしまう母親や、子どもを手放せない過干渉な母親が、しばしば登場します。しかし、そうした親の毒親的な性質は、親自身の性格によるものだけでなく、子育ての管理責任や裁量を、親自身が引き受け続けなければならない現代の子育て事情によって、助長されている部分もあるでしょう。今日の子育て環境のなかで、毒親の問題が浮上するのは必然的なのです。

しんどい「ヤマアラシのジレンマ」を回避するには

では、しんどい「ヤマアラシのジレンマ」を避けるにはどうしたら良いでしょうか。

親子に限らず、この問題を解決するための原則はシンプルです。それは、承認欲求や所属欲求を充たしてくれる人や「考えると心が苦しくなる」ような人との心理的距離を、これ以上近づけないこと。たとえば、相手に会う回数、喋る回数を減らしてみるのは良い方法です。

親子で「ヤマアラシのジレンマ」がしんどくなってきている場合は、子どもの人間関係や活動範囲に、ついあれこれ口出ししたくなるかと思いますが、本当にそれを言っていいのか、立ち止まって考えたほうが良いでしょう。ただ、こうした親子の心理的距離をいきなり広げるのは難しいので、小学校→中学校→高校と子どもの成長に沿って、意識的に、少しずつ距離を広げたほうが、親子双方やりやすいはずです。

それでいて、子どもが親元に戻ってきたい時には、いつでも戻って来れるような、「避難所」としての役割を棄てずにおけば、子どもも親に見捨てられたと思わないでしょう。

友達同士や恋人同士の場合も、相手のことがどんなに好きでも、無制限にベッタリしていては、しんどい「ヤマアラシのジレンマ」に向かってまっしぐらです。おとぎ話やフィクションでは、「二人だけの関係」は美しく描写されがちですが、現実世界でそういうことをやってのけられるのは、よほどコミュニケーションがうまくて「認められたい」のレベルも高いような、本書を必要としない水準の人だけです。

一方的に相手を好いていて、心理的にすっかり相手に依存してしまっている関係も、いずれストーカーじみた人間関係に陥ってしまうリスクが高いです。相手のすべてを独占したい気持ちになったら、人間関係全体に占める相手の割合を、減らす必要があります。

ＬＩＮＥなどのオンラインの繋がりを減らすだけでも、しんどい「ヤマアラシのジレンマ」は緩和できます。スマホやインターネットの普及により、現代人は過剰なまでにコミュニケーションできるようになっています。コミュニケーションを増やせば増やすほど「認められたい」が充たせる……と期待したくなるかもしれませんが、やり過ぎれば心理的な距離が近づき過ぎてしまい、しんどい「ヤマアラシのジレンマ」に陥ってしまうでしょう。スマホを四六時中チェックしてしまう人は、その頻度を減らすだけでも、人間関係がかなり楽になるはずです。

念のため断っておきますが、私は「好きな人と仲良くなってはいけない」と言いたいわけではありません。そうではなく、大切な人間関係が、しんどい「ヤマアラシのジレンマ」に陥ってご破算になってしまわないよう、相手との心理的な距離を、意識して適度に保ちましょう、と勧めたいわけです。

友達や恋人といつもうまくいかなくなる人が本当に必要としている〝処方箋〟は、「もっと相手を理解しましょう」「相手にもっと理解してもらいましょう」といった耳ざわりのいいものではなく、「相手と距離を取る」のほうでしょう。「頻繁に会いさえすれば、もっと仲が良くなる」という考え方ではうまくいきません。

「ひとつの絆」よりも「複数の絆」を

じゃあさっそく、その相手と会う回数を減らして、心理的な距離を広げましょうか……と思った際、しばしば問題になるのは「自分を認めてくれる人が、誰もいなくなってしまうかもしれない」といった不安です。

たとえば子どもとの人間関係以外はなにもない母親に、「子どもと心理的な距離を離しましょう」とアドバイスしても、「認められたい」を充たしてくれる対象が子どもしかいない以上、心理的な距離を離せば、それを充たせなくなってしまいます。そんなアドバイスは、到底受け入れられないでしょう。

子どもが幼いうちは、親は思い通りに子育てをデザインできるため、子育てを介して「私ってすごい母親だわ」とのぼせたり（＝承認欲求を充たしている）、「こんな勉強のできる息子の親でいられるなんて」と嬉しくなったり（＝所属欲求を充たしている）できます。だからといって、親子関係に溺れて他の人間関係をほったらかしにしていれば、子どもの成長にあわせて子離れを進められず、後でしんどい「ヤマアラシのジレンマ」に直面しかねません。

そういう母親にまず必要なのは、子育て一本槍な生活や人間関係を改めて、他の人間関係に「認められたい」の供給源を見出していくことです。子どもしか「認められたい」の供給源がないのと、子ども以外にも供給源があるのとでは、親子の心理的な距離を離す難易度は、ぜんぜん違います。

友達や恋人にも同じことが言えます。

「認められたい」を充たしてくれる相手が少ない人にとって、友達や恋人と距離を取るのは難しいことです。そのうえ自分自身の「認められたい」がまだ低レベルで、頻繁に承認欲求や所属欲求を充たしたくなる人の場合は、相手にしがみついて、あれこれ要求したい気持ちが湧いてくることでしょう。

この場合も、学校時代の友達・職場の同僚・インターネットで知り合った新しい友人……といった風に複数の人間関係を持ち、それぞれで承認欲求や所属欲求を充たせるようになれば、一人か二人の人間関係にのめり込み過ぎて、しんどい「ヤマアラシのジレンマ」に陥るリスクも、心理的な距離を離す際の不安も減らせます。人間関係が複数あれば、そのどれかがギクシャクしている時でも、「認められたい」の供給源がすべてなくなってしまう心配はありません。他の人間関係に意識を向けているうちに、頭を切り替えられるのも大きなメリットです。

さりとて、なかなか友達がつくれない人もいらっしゃるでしょう。そういう人は、どうすれば良いのでしょうか。

最初のうちは、友達というより「顔見知り」をつくるような気持ちで、人間関係を模索してみて欲しいと思います。

たとえばお気に入りの飲食店の常連になって、あまり言葉は交わさないけれども、居場所を共有しているくらいの人間関係でも構いません。数年に一度ぐらい会って、あとは年賀状をやりとりする程度の人間関係でも、無いよりはずっとマシです。インターネットなら、FacebookやＬＩＮＥで大好きな相手とばかりやりとりするのではなく、ツイッターで冗談話や愚痴に付き合ってくれるアカウントとのやりとりにも、いくらか手間暇をかけてみるのも良いかもしれません。

こうした淡白なお付き合いは、頻繁な「認められたい」の充足には向いていない反面、お互いの心理的な距離が遠いぶん、「ヤマアラシのジレンマ」がしんどくなりません。いきなり恋人／友達になろうといった欲目を出さない限り、人間関係の距離感で失敗しがちな人でも、安定した人間関係を続けられます。

むろん、こうしたことをしたからといって、近しい相手との「ヤマアラシのジレンマ」問題が全部解決するわけではありませんし、複数の人間関係をつくるのも維持するのも、相応のコストがかかります。

なにより、人間関係を維持するには精神力を消耗します。私は第5章で「新しい、慣れない場面のコミュニケーションは疲れる」（Ｐ１４５）と書きましたが、あちこちに出かけてコミュニケーションをすれば、慣れていたとしても体力的にも精神的にもくたびれますし、身近な人間関係を維持するだけでも、幾らかは消耗します。リラックスできそうな居場所を探り当てたとしても、慣れないうちは緊張してしまうでしょう。

とりわけコミュニケーションに苦手意識を持っている人は、コミュニケーションに不慣れなぶん消耗も早いので、手広く人間関係をつくろうと頑張り過ぎると、パンクしてしまいます。その結果、新しい人間関係を断たざるを得なくなってしまったり、それ以前の人間関係にまで悪い影響が及んでしまうかもしれません。心身のコンディション維持には、細心の注意を払いましょう。

新しい人間関係ができるたびに相手に急接近してしまい、しんどい「ヤマアラシのジレンマ」を繰り返してしまう失敗パターンもあります。このタイプの人は、それまでの人間関係で「ヤマアラシのジレンマ」がしんどくなると人間関係が壊れてしまい、そのたびに新しい人間関係に「認められたい」を全力で求めてしまい、何度も同じ破綻を繰り返してしまいがちです。

この失敗パターンへの対応策は、「むやみに仲良くならないこと」「新しい関係をむやみに理想視しないこと」です。新しく出会った相手が、承認欲求や所属欲求を充たしてくれる最高の相手に見えたとしても、心理的な距離を近づけ過ぎず、距離を一定の状態にキープするよう努めてください。

こういった注意点を守れば、新しい人間関係で消耗したり、「ヤマアラシのジレンマ」が深刻化するリスクを減らせるでしょう。のみならず、人間関係を壊しては新しいほうに乗り換えるような、不毛な繰り返しを防ぐこともできます。

距離が遠ければそれで良し？

「近づくのが問題なら、他人とは深く関わらないことに決めて、相手との心理的な距離を遠ざけていればいいじゃないか」と考える人もいるかもしれません。

事実、若いころに散々「ヤマアラシのジレンマ」をこじらせ、離婚を繰り返したり、友人関係を損なったりしてきた人が、中年～老年になってから、心理的に遠い人間関係を続けながら、静かに暮らしているのを見かけることがあります。まだ若い人のなかにも、他人と深く関わること自体を嫌い、なるべく関わらないで済ませようとしている人は、ある程度いるでしょう。

ですが、あらゆる人との心理的距離を遠くする処世術には、若い人にとって無視できない欠点が三つあるので、あまりお勧めできません。

第一の欠点は、もし誰かと近い心理的距離になった時に、距離感をうまく制御できない点です。

できるだけ淡白な人間関係を選んできたつもりの人でも、ある日突然、誰かのことがどうしても好きになってしまったり、結婚や出産によって、配偶者や子どもとの心理的距離がグッと近づくことはあり得ます。心理的な距離の遠い人間関係にばかり慣れていた人にとって、そうした心理的な距離の近い間柄は、不慣れで難しいものです。逃げ出したい気持ちに駆られてしまう人や、距離感がわからなくて心理的距離を詰め過ぎてしまい、しんどい「ヤマアラシのジレンマ」に苦しむ人も珍しくありません。

テレビ版の『新世紀エヴァンゲリオン』の主人公・碇シンジがまさにそうでした。碇シンジは「認められたい」に飢えた少年でしたが、他人に期待して裏切られるのを恐れるあまり、できるだけ心理的な距離を近づけないよう振る舞っていました。しかし、他人との心理的な距離が近づく出来事が起こった後、必ずと言って良いほど彼は他人に対して怒り、失望し、苛立ってきたのでした。

仮に、あなたが一生涯誰のことも好きになったりせず、なんのライフイベントも経験せずに生きられるなら、こうした心配は必要ないでしょう。しかし碇シンジが象徴しているように、どんなに他人を遠ざけようとしても、誰かに心を寄せたい、認めてもらいたい瞬間は巡って来るものです。

第二の欠点は、スキルを磨きにくくなってしまう点です。

本書の前半で私は、承認欲求や所属欲求をモチベーション源にすると、スキルアップしやすいと書きました。しかし、友達から評価されるのであれ、師匠をリスペクトするのであれ、心理的距離が遠ければ遠いほど、得られるモチベーションもそのぶん小さくならざるを得ません。ある程度以上の親しみや信頼を感じられる人物から、評価されたり、仲間意識を感じられたりするほうが、「認められたい」によるスキルアップ効果は高まります。

第三の欠点は、「認められたい」そのもののレベルを上げるのも、難しくなってしまう点です。

第4章で紹介したように、「認められたい」のレベルを上げるためには、〝雨降って地固まる〟や〝適度な欲求不満〟が成立するような人間関係が続く必要があります。しかし、それらはある程度近しい関係のもとで起こるもので、距離の遠い人間同士では、起こりようがありません。なぜなら、距離が遠ければ言い争いや欲求不満が滅多に起こらず、仮に起こったとしても、そこで人間関係がプッツリ切れてしまうからです。

このように、心理的な距離を遠く取る生き方に終始していると、なにかのはずみで心理的な距離が近くなった時に対応できず、スキルアップと「認められたい」のレベルアップの機会も減ってしまいます。人生経験をこれから積んでいく若い人にとって、これらは無視できる欠点ではありません。

間合いに「幅」を持たせよう

「心理的な距離が近づき過ぎれば、しんどいヤマアラシのジレンマ。遠くなり過ぎても、欠点がある。だったらどうすればいいんだ？」と、イライラしてきた方もいらっしゃるかもしれません。

実のところ、この問題も誰にでも当てはまるような「正解」はありません。心地良いと感じる心理的な距離には、生まれつき個人差がありますし、コミュニケーション能力、心身のコンディション、「認められたい」のレベルも、時とともに変化していきます。つまり、心理的距離の「正解」は人の数だけ存在し、しかも移ろいゆくものなのです。

だからといって、どうにもならないわけではありません。しんどい「ヤマアラシのジレンマ」に直面しがちな人は、人間関係の距離感を、少し遠ざける方向に工夫すればいいでしょうし、逆に、遠めの心理的な距離感に終始している人は、近い距離感に少しずつ馴染んでいけばいいはずです。本書で書いてきたポイントを実践して、試行錯誤することによって、今よりも心理的な距離をコントロールできるようになるでしょう。

ちなみに私自身の過去を振り返ると、研修医時代は心理的な距離がなかなか把握できず、患者さんと心理的に近づき過ぎて、しんどい「ヤマアラシのジレンマ」に苦しむこともありました。そうした経験を踏まえて言わせてもらうと、こうした心と心の距離感の問題は、おそらく何度かの失敗は避けられない、と思います。

しかし、そうしたひとつひとつの失敗を教訓として、次回は同じ轍《わだち》を踏まないように注意していれば、自分自身の〝失敗しやすい〟心理的距離のパターンが、次第にみえてくるでしょう。そうすれば、誰かに近づき過ぎる気持ちにブレーキをかけたり、遠い人間関係を少しだけ近づけたりする余地が、生まれてくるはずです。

たぶん、コミュニケーションや人間関係の天才とは、そうした心理的な距離感を、無意識のうちにコントロールできる人なのでしょう。私のように失敗を繰り返し、意識してようやく距離感を掴めたような人間は、凡才です。

しかし、わざわざ意識しなければ人間関係をうまく制御できない凡才だからこそ、こうやって文章のかたちにできているのかもしれません。

相手との距離感が掴みづらい人は、現在の自分と相手との心理的な距離について、できるだけ意識的になってみてください。「認められたい」に飢えている時は、なるべく早く間合いを詰めたくなるかもしれませんが、急いで間合いを詰めた人間関係は、「ヤマアラシのジレンマ」をこじらせやすいものです。相手との心理的な距離感を制御しながら、少しずつ仲良くなるよう、工夫をしてみてください。

おわりに

レベルアップしても暗黒面に堕ちる人達

最後に、これからあなたの「認められたい」のレベルが高くなっていったと想定して、そこから先の心構えについて書いておきます。

「先のことなんてどうでもいい。とにかく今は認められたいんだ」「飢えた気持ちから救われたい、今はそれだけだ」といった声も聞こえてきそうです。

いいや、それはごもっとも。まずは自分自身のために、承認欲求や所属欲求をうまく充たせるようになって、それらをモチベーションにして、望ましいスキルアップを達成してください。本書を手に取られたのも、そのためでしょうから。

ここから触れたいのは、じゃあ、そこから先どうするの？という話です。

本書のノウハウを実践し続け、コミュニケーション能力を少しずつ鍛え、「認められたい」

のレベルアップも順当に進めていけば、数年後には、承認欲求と所属欲求を充たしやすくなったと、じわじわ実感するでしょう。すると、これまで「認められたい」に苦労してきた人ほど、「もっともっと認められるようになれるぞ！」と、さらに「認められたい」を追い求めたくなるかもしれません。

その高められたコミュニケーション能力にモノを言わせれば、あなたの人間関係の選択肢は、以前よりずっと増えるでしょう。相手や手段を選ばないなら、特にそうです。しかし、コミュニケーションの上達に溺れるあまり、自分自身の「認められたい」だけを最大限に充たし、他人の「認められたい」を充たさないでいると、『スター・ウォーズ』風に例えるなら「暗黒面」に堕ちてしまいます。

何が言いたいかというと、承認欲求や所属欲求を充たし合う大切さをいつしか忘れ、身に付いたコミュニケーション能力を、周りの人間の「認められたい」を充たすためにはちっとも使わず、私利私欲のために、計算ずくで使うばかりの「コミュニケーションモンスター」になりかねませんよ、ということです。

なまじコミュニケーション能力が伸びているだけに、そういう人は、焼き畑農業のような人間関係でもうまくいっているように感じられ、これこそが「認められたい」の究極のゴールだと思い込んでしまいます。

一人の人間の「認められたい」を充たすためには、かならず別の誰かが認めなければなりません。一人の人間が愛され、評価されるためには、別の誰かが愛し、評価しなければなりません。そうやって、人間同士で承認欲求と所属欲求を充たし合いながら、世の中は回っています。

なにも、他人や世の中のために生きてくださいとは言いません。けれども、目の前の他人の「認められたい」が充たされるさまに自分も喜びを感じるような感覚や、関わりを持った他人の幸福を祈りたくなるような感覚を、どこかで持っておいていただきたい、と思います。

「認められたい」に飢えて苦しんできたあなたは、社会や他人に対して、鬱憤が溜まっているかもしれません。だからつい、自分のことしか考えない自分自身を、正当化したくもなるでしょう。ですが、そういう自己正当化を続けていると、あなたは力を持った人でなしに成り果ててしまいます。

刃物や自動車が、所有する人間の心がけ次第で、素晴らしい道具にも凶器にもなるのと同じで、コミュニケーション能力も、使い方次第で、周囲の人間を幸せにする手段にも、不幸に陥れる手段にもなります。

残念ながら、世の中にはそういう「認められたい」の「暗黒面」に堕ちたとしか言いようのない、コミュニケーションの成り上がり者が結構います。手に入れた力で年下の異性をそそのかして食い物にし続ける人や、過去に自分を苦しめた他人と同じようなことを繰り返している復讐鬼のような人すらいます。私は、そんな人間を増やしたくて、この本を書いたわけではありません。高いコミュニケーション能力を、自分のために使うのは良いことですが、他人を不幸にしてまわるような人間にはならないでください。

生きるために「群れろ」

「認められたい」のレベルやコミュニケーション能力は、これからの世の中を生きていくには一層重要になると思います。

「認められたい」のレベルが低いままでも、お金や稀有な才能に恵まれている人なら、それらを武器に一人で生きていけるかもしれません。しかし、そんな風に生きていける人間は、いつの時代も一握りです。大半の人は、あまりお金をかけず、家族や友達や職場の人間と助け合いながら、つつましく生きていくほかありません。

こうした傾向は、すでに若い世代の価値観のうちに、反映され始めていると感じます。

精神科の外来を受診する青少年、昔だったら「神経症」「ノイローゼ」といった軽めの病名がついていたであろう十〜二十代の患者さんの悩みが、ここ十年ほどで変わりました。

2000年代までは、そうした患者さんの多くが「〝自己実現〟したいけれどもできない」「自分が何者なのかわからない」といった悩みを口にしていました。第4章で触れたとおり、その手の〝自己実現〟の中身は、要求水準の高い承認欲求に他ならないのですが、とにかく、承認欲求を求めてもうまくいかなくて、憂鬱になる青少年が目立ったのです。その結果、引きこもりやオンラインゲーム依存に陥る患者さんもよく見かけました。

ところが2010年代に入ってからは、そういう承認欲求への飢えを訴える青少年は、減りつつあります。

むろん、90年代以降に生まれた世代も、メンタルヘルスを病むことはあります。が、80年代以前に生まれた世代にありがちだった、自分自身の承認欲求にばかりこだわるような価値観は、彼らからはあまり感じません。発達障害の素因を持った患者さんでさえ、自分一人で好きなことをして生きていきたい価値観よりも、誰かと一緒に生きたい、生きなければならないという価値観を抱いていることが増えていると感じます。

そうした若い世代が愛好するサブカルチャーのコンテンツも、90年代にヒットした『新世紀エヴァンゲリオン』のような、孤独な人間が自分の内面と向き合うような作品から、『進撃の巨人』のような、自分自身を振り返ることのない「群れる若者」を描いた作品に移行していきました。

そしてカタカナ職業や消費文化に憧れて、単身で上京するような若者は減少し、地元の人間関係を愛し、家族や友人を大切にしながら生きる若者が増えています。シェアハウスのような、過去の下宿とは異なった集団生活のスタイルも、少しずつ浸透しています。

戦後日本を支えてきた人達は、民主主義や個人主義を根付かせていくと同時に、コンビニやワンルームマンションに象徴されるような、他人との関わりを最小限にしても生きていける生活空間をつくりあげました。そのような生活空間はしがらみを最小化してくれた反面、一人当たりの生活コストはかさみ、人間関係を成立させるための機会は限られました。

20世紀後半までは、経済的な豊かさのおかげで、そうした問題から目をそらすこともできました。しかし、これからの日本においては、そうもいきません。

そうした状況変化のなか、自分自身の承認欲求へのこだわりから、群れて生きようとする方向に価値観がシフトし始めているのは、もともと人間が群れて助け合って生きてきた生物だったことを考えれば、当然の揺り戻しなのかもしれません。

コミュニケーション能力を鍛え、「認められたい」をレベルアップさせることは、これから経済的に貧しくなっていくであろう日本社会のなかで、家族や友人と助け合って生きるために必要なことです。日常的な人間関係のなかで承認欲求を充たし、特別でも万能でもない友人や先輩を介して所属欲求を充たせるようになれば、「認められたい」に飢えることは減り、人間関係も維持しやすくなるでしょう。

東日本大震災の時に明らかになったように、人間は、困難な局面に直面するほど、群れて生きる強みを発揮するものです。仮に、これからの日本社会が安楽でお金にも不自由しないなら、群れる必要などないかもしれません。しかし21世紀の雲行きは不透明きわまりなく、昭和時代とは違ったかたちにせよ、これからの私達は、肩を寄せ合って生きていかなければならないのでしょう。そのような未来が予測される以上、他人とのコミュニケーションをたゆまず行い、「認められたい」のレベルをあげていくことには、これまで以上の意味があると私は思っています。

死ぬまで「認められたい」を成長させ続けていくためには

「認められたい」の問題は、青少年時代で終わりではありません。それは一生涯の問題で、そのレベルアップは何歳になっても続きます。

本書で引用したエリクソンやコフートといった学者さん達も、人間の心理的な成長を子ども時代だけに限定せず、生涯にわたって成長していくと主張していました。実際、彼らの言葉を裏付けるように、私は承認欲求や所属欲求のレベルが非常に高い、人生のベテランとしか言いようのない年長者に、あちこちで出会ってきました。

ただ、ここでいう「認められたい」の生涯成長は、誰でもできるものではありません。何歳になっても「認められたい」がレベルアップしていくためには、何歳になってもコミュニケーションが続いていて、〝適度な欲求不満〟や〝雨降って地固まる〟を含んだ人間関係が存在しなければ、難しいと思います。実際、コミュニケーションを欠いた生活を続けていると、人生の大ベテランでさえ、いつかは「認められたい」気持ちに飢えてしまいます。

仕事を引退したシニア世代の男性を見ていると、こうしたコミュニケーションの継続が決して簡単ではないことがうかがい知れます。仕事を辞めて子どもも独立した後、誰ともコミュニケーションをとるでもなく時間を持て余し、やがてうつ病やアルコール依存症に至ってしまうシニア男性の患者さんに、私は頻繁に出会います。あるいは、人付き合いが乏しくなってめっきり老け込んだり、若い頃より自己中心的になってしまったシニア男性の話なども、主にシニア世代の女性の方からよく聞きます。

医療技術や保険制度の充実のおかげで、日本は未曾有の高齢化社会を迎えています。そうしたなか、リタイア後も「認められたい」気持ちを充たしながら、さらなるレベルアップをしていくには、仕事以外での人間関係が必要です。しかし、いまどきの生活空間は、そうした人間関係を無条件で提供してはくれません。それまでの人生同様、自分の意志と能力で人間関係をつくり、メンテナンスしなければ、「認められたい」の乏しい境遇が待っています。

数十年後のお年寄りは、きっとお年寄り向けに設計された新しいネットサービスやデジタルガジェットを駆使して、「認められたい」を最大限に充たそうとするはずで、技術やサービスの進化には、一定の期待を持って良いかもしれません。ただし、それらが無条件に人間関係を成立させてくれるわけもなく、お年寄りにもコミュニケーションを続ける意志や能力が求められるはずで、「認められたい」との付き合いは、終生続いていくのでしょう。

「認め合える」社会をつくるために

　本書は、誰もが持っている「認められたい」気持ちの正体と、それを充たし続けるための方法について述べてきました。

　仮に、誰もがコミュニケーションに苦労せず、みんなが「認められたい」をレベルアップさせて、心理的成長を遂げられるなら、本書は必要ありません。しかし現実はといえば、幼い頃に「認められたい」のレベルアップが進まなかった人もいれば、思春期のコミュニケーションで躓《つまず》いて、そこからレベルアップが進まなくなってしまった人もいます。より年上の世代にしても、うかうかしていると「認められたい」を充たせない老後を迎えていくのでしょう。

　私は、もっと「認められたい」気持ちを充たし合えるような社会になるべきだと思います。他人から評価されやすい長所を持った人・コミュニケーションをうまくこなせる人ばかりが承認欲求をかき集め、そうでない人が「認められたい」をお金で充たすか、その気持ちに蓋をしておくしかない社会は、ごく一握りの強者には理想的でも、ほとんどの人には息苦しいものです。

　また、現在の社会生活では、所属欲求よりも承認欲求のほうがまだまだ強いので、誰かに褒められたい人はたくさんいても、誰かにリスペクトや仲間意識を差し向けたい・心を寄せたい人は足りなくなりがちです。この、承認欲求と所属欲求のアンバランスな需給状況も、問題だと思います。

むろん、いつの時代、どこの社会にも、誰からも褒められず評価されない人達、誰とも仲間意識を持てない人達はいたはずで、すべての人の「認められたい」を充たせるような社会は、これからも存在しないでしょう。しかし、これほど物質的に豊かで自由になったのに――いや、これほど豊かで自由になり、生理的欲求と安全欲求を度外視できるようになったからこそ――承認欲求と所属欲求が切実な問題となり、「認められたい」を充たせる人と充たせない人の「格差」が広がっている現状には、疑問を投げかけるべきだと思うのです。

とはいえ、今を生きる私達自身には、社会全体の変化を悠長に待っていられる余裕はなく、今の状況を生き抜かなければなりません。そのためにも、本書で解説した方法が、少しでも助けになればいいなと思います。

たくさんの人が、「認められたい」を充たし合える未来に変わっていく第一歩として、まず、あなた自身が「認められたい」をレベルアップさせていって、周りの人達と認め合えるような関係を築いていって欲しいと思います。そうやっていけば、あなたの周りにいる人達も「認められたい」のレベルアップを成し遂げやすくなるでしょう。そうやって、ひとりひとりのレベルアップが連鎖していけば、「認められたい」を巡る今の息苦しい光景も、少しずつ良くなっていくのではないでしょうか。

筆者としては、本書がそんな「認め合える」社会に向けて、少しでも役立つことを祈ります。

この本の背景、それとおことわり

ここまで書いておいてなんですが、「認められたい」を承認欲求と所属欲求に切り分けて考えるのは、かなり大雑把な分類法です。人間のモチベーション源にはこのふたつでは分類できない欲求（好奇心など）が含まれますし、承認欲求と所属欲求のちょうど中間ぐらいの欲求（「無視されたくない」など）も存在し得ます。

それでも、この二つの欲求を分けて考え、それぞれの特徴やレベルアップの方法を説明するだけでも「認められたい」のおおよそはカバーできますし、本書の内容を「認められたい」に飢えていた頃の私自身に届けても、十分役立つだろうと考えています。

第4章で触れたように、本書はマズローの欲求段階説そのままに著したものではなく、かなりのところまでコフートの自己愛理論を応用して書かれています。専門的な話になりますが、本書の【①承認欲求】【②所属欲求】は、それぞれコフートの【①鏡映自己対象体験】【②理想化自己対象体験＋双子自己対象体験】を意識しながら書いていますし、「認められたい」のレベルアップの概念は、コフートが語った変容性内在化や中核自己についての話そのものです。

マズローの欲求段階説の日本語訳として知られている「承認欲求（esteem）」「所属欲求（love and belonging）」といった用語は、漢字を読んだだけで直観的に意味が掴めます。他方、コフートの用語は読んだだけでは意味が掴めない上、彼の理論もあまり単純ではありませんが、ごく普通の人間の心理的成長をカバーしているのは捨てがたい長所です。そこで本書は、シンプルで知名度の高いマズローの用語と、ごく普通の人間の心理的成長をカバーしているコフートの理論を、ハイブリッドして、両者の〝いいとこどり〟を狙いました。

本書は、読者のメンタルヘルスが標準から大きく逸脱していない状態を念頭に置いて書かれています。このため、本書の内容を精神疾患の最中にある人に適用する際には注意が必要です。特に第4章、第5章に書かれている内容を、（うつ病も含めた）精神病状態の人が適用するのは危険だと思います。

本文中でも書きましたが、チャレンジは、然るべき余裕と体勢を整えなければかえって危険を招くものです。精神科／心療内科に通っておられる人、特に入院中の人は、本書に書かれたチャレンジに挑む前に、主治医の先生によくご相談していただきたいと思います。

熊代 亨（くましろ・とおる）

一九七五年生まれ。信州大学医学部卒業。精神科医。ブログ『シロクマの屑籠』にて現代人の社会適応やサブカルチャーについて発信し続けている。通称〝シロクマ先生〟。アニメとゲームと社会心理学が大好き。著書に『ロスジェネ心理学』『融解するオタク・サブカル・ヤンキー』（花伝社）、『「若作りうつ」社会』（講談社現代新書）がある。

カバー・本文イラスト　くじょう
ブックデザイン　小口翔平＋喜來詩織＋山之口正和（tobufune）
編　集　平井悠太郎
校　正　鴎来堂
本文DTP　アーティザンカンパニー

認められたい

二〇一七年二月二十八日　初版第一刷発行

著　者　熊代《くましろ》 亨《とおる》
発行者　板垣耕三
発行所　ヴィレッジブックス
〒一五〇―〇〇三一
東京都渋谷区桜丘町一八―六 日本会館五階
☎ 〇三―六四五二―五四七九
http://www.villagebooks.co.jp

印刷所　中央精版印刷株式会社

ISBN 978-4-86491-325-6 C0030 Printed in Japan